한 줄 필사로 시작하는 글쓰기 수업

매일 조금씩, 꾸준히 키우는 글 감각

한 줄 필사로 시작하는 글쓰기 수업

김명교 지음

언더라인

일러두기

* 도서의 지은이는 '지음', 기사와 연설문은 '씀'으로 표기했습니다. 고전 텍스트는 독자가 이해하기 쉽도록 현대어로 정리했습니다.

서문

초등 글쓰기, 필사로 시작하자
-매일 조금씩 키우는 글쓰기 감각

최근 몇 년간 필사 붐이 일고 있습니다. 지금도 현재 진행형이지요. 특히 '디지털 네이티브'라고 불리는 MZ세대 사이에서는 하나의 문화로 자리 잡았습니다. 직접 쓴 필사 노트를 SNS에 올리고, 나만의 필사 방법을 공유하면서 자기표현의 수단으로 활용합니다. 이런 현상을 가리키는 신조어까지 생겼습니다. 글자를 뜻하는 '텍스트(text)'와 개성 있다, 멋있다를 뜻하는 은어 '힙하다'를 더한 말, '텍스트힙'입니다.

태어나면서부터 디지털 환경에 노출된 MZ세대가 필사의 매력에 빠진 이유는 무엇일까요? 디지털 세상에서 접하는 과도한 정보와 자극, 피로감에서 벗어나 나를 돌아보고 심리적인 안정감을 찾을 수 있기 때문입니다. 여러 가지 일을 동시에 처리해야 하는 바쁜 일상에서 벗어나 몰입을 경험할 수도 있고요. 필사를 '손으로 쓰는 명상'이라고 부르는 이유입니다.

문해력을 키우는 방법으로도 필사를 주목합니다. 영상 콘텐츠는 정보를 빠르게 얻을 수 있지만, 이 방법에만 의존하면 문해력 저하를 불러웁니다. 문해력을 키우려면 꾸준히 읽고 이해하는 연습이 필요해요. 필사는 글을 온전히 이해해 내 것으로 만드는 가장 효과적인 방법입니다. 손글씨로 글을 옮겨 적으면 단어와 문장을 천천히 곱씹을 수 있습니다. 단어의 뜻, 문장의 의미를 깊이 생각하고 이해하게 돕습니다. 정독하는 습관과 어휘력을 기를 수 있지요.

정서 안정, 자기 성찰, 몰입의 경험, 문해력 증진…. 필사의 쓸모는 무궁무진합니다. 하지 않을 이유를 찾는 게 더 어려울 정도입니다.

매일 글을 쓴 지 꼬박 17년입니다. 글 쓰는 일을 직업으로 삼은 덕분에 늘 쓰는 환경에 놓여 있었어요. 하지만 글쓰기가 녹록지 않은 건 17년 전 그때나 지금이나 크게 다르지 않습니다. 글을 잘 쓰고 싶다는 욕심이 더해지니 때로는 스트레스로 다가오기도 했고요. 그럴 때면 쓰던 걸 멈추고 필사에 매달렸습니다.

기사를 잘 쓰고 싶을 때는 본받고 싶은 선배 기자의 글을 따라 썼습니다. 에세이를 쓸 때는 닮고 싶은 작가의 문장을 따라 썼고요. 감탄이 나오는 표현을 발견했을 때, 오래도록 마음에 새기고 싶은 문장을 만났을 때도 무작정 따라 썼습니다. 손으로 꾹꾹 눌러쓰면서 문장 하나하나 귀하게 대접했습니다.

하루, 이틀, 사흘, 나흘…. 필사의 시간이 차곡차곡 쌓이고 나니, 문득 '이제 쓸 수 있겠다.'라는 생각이 들었습니다. 자신감이 채워진 겁니다. 필사 덕분에, 훌륭한 스승이 되어 준 수많은 문장과 글 덕분에 17년 동안 쓰는 사람으로 살 수 있었습니다.

필사의 가치가 재조명되고 있는 요즘, 그래서 무척 반갑고 설렙니다. 무엇보다 디지털과 가장 친밀한 세대가 필사의 쓸모를 알아봐 주다니요! 반짝하고 마는 유행이 아니라 세대 구분 없이 누구나 즐기는 지적 활동이자 마음챙김 활동의 하나로 필사가 자리 잡길 진심으로 바랍니다.

부모님들은 아이의 글쓰기 능력을 키워주려면 어떻게 해야 하느냐고 묻습니다. 글쓰기가 갈수록 더 중요해진다는데, 아이는 글을 쓰려고조차 하지 않는다고 하소연합니다. 하지만 저는 글을 쓰려고만 하면 막막해지는 아이들의 마음을 누구보다 잘 압니다. 글을 잘 쓰고 싶은데 어떻게 써야 할지 몰라서 시작조차 하지 못하는 그 마음을 진심으로 이해합니다. 그때 이 책을 떠올렸습니다.

글쓰기 실력을 키우는 최고의 방법은 필사입니다. 좋은 문장, 잘 쓴 글을 따라 쓰면서 글 감각을 익힐 수 있습니다. 매일 조금씩 쌓은 시간은 몸이 기억합니다. 글쓰기 자신감을 불어넣습니다.

글쓰기를 주저하는 아이들을 떠올리며 문장을 골랐습니다. 글의 갈래와 문장 구조, 어휘, 표현 방법을 골고루 맛볼 수 있는 좋은 문장들로 가려 담았습니다.

글쓰기 자신감을 가득 채운 아이들이 직접 글을 쓸 수 있는 활동도 더했습니다. 그동안 제가 터득한 글쓰기 방법을 귀띔하듯 내용을 구성했습니다. 부모님께서 글 쓰는 아이들 곁에서 칭찬과 응원을 아끼지 않는다면 시너지 효과가 나타나리라 확신합니다.

아이들이 글쓰기와 친해지길 바라는 간절함에 공감하고, 흔쾌히 인용을 허락한 출판사와 저자분들께 고개 숙여 고마움을 전합니다.

쓰는 사람이자 한 아이의 엄마로서 작은 소망이 담긴 책이기도 합니다. 초등학생인 아이와 함께 쓰고 싶었습니다. 아마도 이 바람이 아이에게 전해진 듯합니다. 학교 도서관을 들락날락하며 필요한 책을 빌려다 주었거든요. 친구들과 뛰어놀 수 있는 쉬는 시간도 포기하면서 말이지요. 그 모습이 기특하고 고마워서 더욱 공을 들였습니다.

이제, 떨리는 마음으로 이 책을 세상에 내놓습니다. 아이들이 마음껏 생각하고 표현할 수 있길 바랍니다. '이 정도는 나도 쓸 수 있겠다!' 글쓰기를 만만하게 생각하는 아이가 많아지면 좋겠습니다. 이 책의 쓸모는 거기에 있습니다.

오래도록 함께 쓰고 싶은 마음을 담아
쓰는 사람, 김명교

글쓰기가 두려운 친구들에게

글쓰기가 만만해지는 비법,
여러분에게만 알려 줄게요!

글을 쓰고 싶은데 어떻게 써야 할지 몰라서 막막하다고요?
잘 쓰고 싶은데 생각 같지 않아서 속상하다고요?

여러분의 그 마음, 누구보다 잘 알아요. 저는 17년 동안 매일 글을 쓰고 있거든요. 사실, 이건 비밀인데요. 여러분에게만 살짝 고백할게요. 저도 글쓰기가 늘 즐거운 건 아니랍니다. 한숨이 나오고, 가슴이 답답할 때도 많고요. 가끔은 아무것도 쓰고 싶지 않기도 해요. 그런데 매일 조금이라도 글을 쓰는 건, 다 이유가 있답니다. 저의 이야기, 한번 들어 볼래요?

저는 글쓰기를 주저하던 학생이었어요. 특히 일기 쓰기를 힘들어했지요. '매일 특별한 일이 일어나는 것도 아닌데, 왜 어른들은 그날 있었던 일을 기록해야 한다고 말씀하실까?'라고 생각했어요. 개학이 다가오면 미루어 두었던 일기를 쓰느라 무척 힘들었던 기억이 나요.

그러던 어느 날, 학교 방송반에 들어갔어요. 직접 방송 원고를 써야 해서 글감을 찾아 나섰어요. 꼭 알아 두어야 하는 학교 소식, 교실에서 일어난 재미있는 에피소드, 친구들에게 들려주고 싶은 감동적인 이야기 등 글의 소재를 발견할 때마다 작은 노트에 기록해 두었지요. 그 기록을 바탕으로 원고를 완성해 나갔답니다. 신기하게도 이 과정이 무척 즐거웠어요. 일기를 쓸 때와는 다른 느낌이었지요. 쓰면 쓸수록 더 재미있게, 잘 쓰고 싶었어요. 누가 시킨 적도 없는데 말이에요.

"오늘 방송 정말 좋았어!"

방송을 마치고 교실로 돌아갔을 때, 친구가 했던 말을 잊을 수가 없어요. 나의 이야기에 귀 기울이고 공감해 주는 누군가가 있다는 사실에 마음이 벅차올랐답니다. 직접 원고를 쓰지 않았다면, 글을 쓰지 않았다면 경험하지 못했을 순간이지요. 아마도 그때부터였던 것 같아요. '내가 들려주고 싶은 이야기, 하고 싶은 말을 글로 표현하니까 글쓰기도 재미있구나!'를 깨달았답니다.

어른들은 왜 글쓰기가 중요하다고 말씀하실까요?

글은 '나'를 표현하는 도구예요. 생각, 감정, 느낌뿐 아니라 능력, 태도까지 담아낼 수 있지요. 여러분이 살아갈 미래에는 이 도구를 잘 다루는 사람이 돋보일 거예요. 챗GPT에 대신 써 달라고 하면 된다고요? 아무리 똑똑한 인공지능(AI)이 등장해도 '나의 이야기'를 대신 써 줄 수는 없어요. 받아쓰기를 100점 맞았을 때 기분, 부모님과의 여행에서 기억에 남는 일, 친구를 도와주고 나서 느꼈던 감정, 열심히 그린 그림으로 상을 받았던 경험 같은 것들은 오직 나만 알 수 있으니까요.

인공지능을 잘 활용하기 위해서도 글을 쓸 줄 알아야 한답니다. 인공지능에 무엇을 해 달라고 요청하는 명령어, 즉 질문을 '프롬프트'라고 해요. 인공지능은 이 질문을 바탕으로 답변을 만들지요. 질문을 어떻게 하느냐에 따라 결과가 크게 달라져요. 내가 무엇을 원하는지 정확하고 자세하게 글로 표현해야 만족스러운 답변을 얻을 수 있어요. 글을 '쓸 줄 알아야' 인공지능도 '쓸 수 있다'는 사실!

"그래도, 글쓰기는 어려워요."

글은 뚝딱, 만들어지지 않아요. 먼저 깊이 생각해야 해요. 나의 마음을 들여다보고 생각도 가지런히 정리해야 하지요. 글을 어떻게 시작할지, 어떤 단어를 사용할지, 어떻게 표현할지, 골똘히 고민해야 해요. 글을 완성하고 나서는 내가 전하고 싶은 이야기가 잘 담겼는지 다시 한번 살펴야 하고요. 이렇게 여러 단계를 거치고 나서야 글 한 편이 완성되지요. 능숙해지기까지 시간과 연습이 필요해요. 그러니 조급하게 생각하지 않아도 괜찮아요.

필사하는 것만으로도
글쓰기가 쉬워진다고요?

17년 동안 매일 쓸 수 있었던 저만의 방법이 있어요. 글쓰기가 막막하고 어려울 때면 쓰던 걸 멈추고 '이것'을 한답니다. 마음이 차분해지고 머리가 맑아지거든요. 이것에 집중하다 보면 '이런 표현도 있구나!', '이렇게 쓸 수도 있네?' 아이디어를 얻기도 하고요. '아, 이렇게 쓰면 되겠구나!', '그래, 나는 쓸 수 있어!' 자신감이 차오르기도 했답니다.

바로 '필사'예요. 필사는 베껴 쓰기를 뜻해요. 문장이나 글을 손글씨로 따라 쓰는 활동이지요. 잘 쓴 글이나 좋은 표현, 두고두고 기억하고 싶은 문장을 따라 쓰는 거예요. 조금씩, 꾸준히 따라 쓰는 것만으로도 글쓰기가 쉬워지는 경험을 할 수 있어요.

필사만 했는데, 글쓰기가 쉬워지는 이유가 궁금하다고요? 우선, 깊이 생각하는 연습을 할 수 있어요. 필사하다 보면 '이 단어의 뜻은 뭘까?', '이 문장에는 어떤 의미가 숨어 있지?', '작가는 어떤 이야기를 하고 싶은 걸까?' 궁금해지거든요. 꼬리에 꼬리를 무는 생각을 통해 글쓰기의 첫 단계인 생각하는 방법을 터득할 수 있지요.

어휘력도 쑥쑥 자란답니다. 평소 접하지 못했던 다양한 단어와 표현을 만날 수 있거든요. 필사로 차곡차곡 쌓은 어휘는 글을 쓸 때 하나씩 꺼내 쓸 수 있어요. 특히 다른 사람과 소통할 때 빛을 발한답니다. 필사하면서 '나만의 어휘 사전', '나만의 표현 사전'을 만들어 두면 필요할 때 쉽게 찾아볼 수 있겠지요?

글을 이해하는 능력, 문해력도 키울 수 있어요. 책을 많이 읽어야만 문해력을 키울 수 있는 건 아니에요. 짧은 글을 읽더라도 천천히 뜻을 곱씹고 이해하면서 읽는 습관이 중요해요. '정독'이라고 부르지요. 한 글자, 한 글자 천천히 따라 쓰다 보면 자연스럽게 정독하는 습관을 기를 수 있답니다.

글쓰기 자신감,
필사로 키워볼까요?

여러분에게 소개하고 싶은 문장을 골라 담았어요. 사각사각, 글씨 쓸 때 나는 소리에 귀 기울이면서 천천히 따라 써 보세요. 필사로 글쓰기 자신감을 채우고 나면, 나의 이야기를 꺼내 글로 써 보세요. 차근차근 한 단계씩 따라가다 보면 글 한 편을 완성할 수 있을 거예요.

내가 쓴 글이 마음에 쏙 들지 않을 수도 있어요. 하지만 기억하세요! 나의 이야기는 나만 쓸 수 있다! 매일 조금씩 꾸준히 쓰다 보면 잘 쓸 수 있다!

지금 무척 설렌답니다. 여러분이 들려줄 이야기가 궁금해서요. 여러분의 이야기가 얼마나 반짝반짝 빛이 날지 기대돼요. 글을 완성하고 나면 꼭 제게도 자랑해 주세요. "드디어 글을 완성했어요!" 하면서요. 자, 이제 우리 함께 써 볼까요?

여러분의 글쓰기 응원단장, 김명교

이 책의 구성과 특징

이 책은 필사 → 감상 → 원리 → 표현 → 창작으로 이어지는 흐름을 통해 아이들의 글쓰기 힘을 단계적으로 키워줍니다.

1단계 좋은 글 필사하기
좋은 글을 한 줄 한 줄 따라 쓰며 문장의 리듬과 감각을 익혀 봅니다.
문장을 따라 쓰는 것만으로도 글쓰기에 대한 두려움이 줄어들어요.

파브르 곤충기
_앙리 파브르 지음

나비와 나방은 무엇이 다를까? 가장 큰 차이점은 더듬이다. 나비의 더듬이는 가늘고 끝이 곤봉 모양이지만, 나방의 더듬이는 빗살이나 깃털 모양이고 끝이 가늘다. 또 나비는 앉을 때 날개를 포개 세우거나 수평으로 펴지만, 나방은 지붕 모양으로 경사지게 피고 앉는 것이 보통이다. 나비와 나방은 활동하는 시간도 다르다. 나비는 낮에 활동하지만 나방은 밤에 활동한다.

필사하면서 가장 인상적인 부분에 밑줄 그어 볼까?

생각 더하기

프랑스 곤충학자 앙리 파브르가 쓴 《파브르 곤충기》예요. 파브르가 살던 시기에는 지금처럼 장난감이 많지 않았어요. 당시 어린이들은 자연에서 뛰어놀면서 만난 동물과 곤충을 친구로 삼았지요. 파브르도 그랬어요. 교사로 아이들을 가르치던 어느 날, 곤충 관찰하기를 좋아했던 어린 시절이 떠올랐고, 곤충 연구를 시작해요. 그렇게 곤충 연구에 몰두한 파브르는 28년 동안 열 권의 곤충기를 발표했답니다. 파브르는 자기가 '직접 본 것사실'만 기록했어요. 나비와 나방의 더듬이를 비교한 부분을 한 번 읽어 볼까요? '곤봉 모양', '깃털 모양'처럼 모양을 구체적으로 설명하고 있어요.

너에게 보내는 응원 메시지

22·23

부모님의 응원 메시지
부모님이 아이에게 짧은 메시지를
남길 수 있는 공간을 마련했습니다.

2단계 나만의 의미 더하기

필사한 문장을 읽고 떠오른 생각이나 느낌을 적어 봅니다.
옮겨 적은 글을 되새기며 '나는 어떻게 느꼈는지'를 표현하는 과정이에요.

사실 표현 글쓰기

1단계
 나만의 의미 더하기

◆ 필사한 내용 중에서 가장 기억에 남는 표현을 골라 볼까요?
◆ 그 표현이 가장 기억에 남는 이유는 무엇인가요?

• 가장 기억에 남는 표현

• 기억에 남는 이유

2단계
 개념 더하기

신문을 읽어 본 적 있나요? 신문에는 우리 주변에서 일어나는 새로운 소식과 다양한 정보가 담겨 있어요. '기사문'은 신문에 실리는 글이에요. 기자들은 직접 조사하고 자료를 모아 기사문을 써요. 기사문은 '사실'을 전달해요. 사실은 '실제로 있었던 일이나 현재에 있는 일'을 의미하지요. 기사문은 자기 생각이나 주장은 빼고 사실 있는 그대로, 정확하게, 구체적으로 써야 합니다.

기사문은 알릴 가치가 있는 사건이나 사실들을 있는 그대로 전달하는 글이에요. 기사문처럼 사실들을 있는 그대로 전달하는 글의 종류를 더 알아볼까요?

설명문: 어떤 지식이나 정보를 이해하기 쉽게 풀어 쓴 객관적인 글
안내문: 다른 사람에게 어떤 내용을 소개하고 알리기 위해 쓴 실용적인 글
보고문: 어떤 주제에 대해 연구한 결과나 조사한 내용을 정리해 보고하기 위해 쓴 글

3단계 글쓰기 개념 배우기

각 장의 주제에 맞는 글쓰기 원리를 배웁니다. 설명문, 논설문, 일기, 상상 글쓰기 등 다양한 글쓰기 방법을 예시로 이해할 수 있어요.

3단계
표현 더하기

"기사를 쓰고 싶어요!"

[첫 번째 미션] 기사로 소개하고 싶은 취잿거리를 찾아보자

1. 혼자만 알기 아까운 새로운 정보가 있다면? 친구들에게 알려주고 싶은 학교 소식이 있다면? 요즘 초등학생의 인기 아이템, 왜 인기가 있는 걸까, 궁금하다면? 이 모든 것은 기사문의 주제가 됩니다.

2. 취재하고 싶은 주제를 설명해요.

• 취재하고 싶은 내용 (예시) 매달 우리 학교에서 운동회가 열린대요. 운동회를 취재하고 싶어요.

• 취재하고 싶은 이유 (예시) 1년 동안 운동회가 열리기를 손꼽아 기다렸어요. 정말 재미있거든요.

4단계
나도 기자다!

제목:

[기사문 쓰기를 돕는 질문]
☐ 최근 알게 된 새로운 소식이나 정보 중에 친구들이 관심을 가질 만한 내용을 떠올려 볼까요?
☐ 최근 열렸던 학교 행사 중에 가장 기억에 남는 걸 생각해 볼까요?

4단계 표현 확장하기

소재 찾기 → 짧은 글 쓰기 → 한 편 완성하기까지 네 가지 미션을 통해 실전 글쓰기를 연습합니다.
짧은 문장에서 출발해 한 편의 글을 완성하는 경험은 글쓰기 자신감을 심어 줍니다.

차례

서문 초등 글쓰기, 필사로 시작하자   5
글쓰기가 두려운 친구들에게   9
이 책의 구성과 특징   14

1장 사실 표현하기

- 파브르 곤충기   22
- 세금 내는 아이들   24
- 쏭내관의 재미있는 궁궐 기행   26
- 초등학생 희망 직업 1위 "연예인 될래요"   28
- 사실 글쓰기   30
    - 1단계 : 나만의 의미 더하기
    - 2단계 : 개념 더하기
    - 3단계 : 표현 더하기(기사 쓰기)
    - 4단계 : 나도 기자다!

2장 생각과 느낌 표현하기

- 안네의 일기   40
- 난중일기   42
- 빙수   44
- 걸리버 여행기   46
- 생각과 느낌 글쓰기   48
    - 1단계 : 나만의 의미 더하기
    - 2단계 : 개념 더하기
    - 3단계 : 표현 더하기(일기 쓰기)
    - 4단계 : 나도 작가다!

3장 의견 표현하기

- 나에게는 꿈이 있습니다   56
- 백범일지   58
- 전 세계의 모든 말랄라를 위하여   60
- 세상의 모든 어버이들께   62
- 나의 의견 글쓰기   64
    - 1단계 : 나만의 의미 더하기 ・ 2단계 : 개념 더하기
    - 3단계 : 표현 더하기(연설문 쓰기) ・ 4단계 : 나도 연설가다!

4장 노래 부르듯 표현하기

- 어린이 노래   74
- 예솔아   76
- 진달래꽃   78
- 서시   80
- 노래 부르듯 글쓰기   82
    - 1단계 : 나만의 의미 더하기 ・ 2단계 : 개념 더하기
    - 3단계 : 표현 더하기(동시 쓰기) ・ 4단계 : 나도 시인이다!

5장 상상으로 표현하기

- 책이 사라진 날   90
- 오즈의 마법사   92
- 국립 어른 초등학교   94
- 아빠 고르기   96
- 상상 글쓰기   98
  - 1단계 : 나만의 의미 더하기
  - 2단계 : 개념 더하기
  - 3단계 : 표현 더하기(동화 쓰기)
  - 4단계 : 나도 작가다!

6장 의태어·의성어로 표현하기

- 정글 북   110
- 춘향전   112
- 만복이네 떡집   114
- 시골 쥐의 서울 구경   116
- 의태어·의성어로 글쓰기   118
  - 1단계 : 나만의 의미 더하기
  - 2단계 : 개념 더하기
  - 3단계 : 표현 더하기(실감 나게 표현하는 글쓰기)
  - 4단계 : 나도 작가다!

7장 그림 그리듯 표현하기

- 서양화 '춘무인 추무의'로 대통령상 받아 — 128
- 노인과 바다 — 130
- 빨간 머리 앤 — 132
- 스페인 공주의 생일 — 134
- 그림 그리듯 글쓰기 — 136
  - 1단계 : 나만의 의미 더하기
  - 2단계 : 개념 더하기
  - 3단계 : 표현 더하기(묘사 글쓰기)
  - 4단계 : 나도 작가다!

8장 비유로 표현하기

- 박씨전 — 146
- 섬마을 학교에 '연극 꽃'이 피었습니다 — 148
- 동짓달 기나긴 밤을 — 150
- 이상한 나라의 앨리스 — 152
- 비유로 글쓰기 — 154
  - 1단계 : 나만의 의미 더하기
  - 2단계 : 개념 더하기
  - 3단계 : 표현 더하기(재미있게 표현하는 글쓰기)
  - 4단계 : 나도 작가다!

에필로그 — 162
부록 — 164

1장 사실 표현하기

파브르 곤충기
_앙리 파브르 지음

나비와 나방은 무엇이 다를까? 가장 큰 차이점은 더듬이다. 나비의 더듬이는 가늘고 끝이 곤봉 모양이지만, 나방의 더듬이는 빗살이나 깃털 모양이고 끝이 가늘다. 또 나비는 앉을 때 날개를 포개 세우거나 수평으로 펴지만, 나방은 지붕 모양으로 경사지게 피고 앉는 것이 보통이다. 나비와 나방은 활동하는 시간도 다르다. 나비는 낮에 활동하지만 나방은 밤에 활동한다.

생각 더하기

프랑스 곤충학자 앙리 파브르가 쓴 《파브르 곤충기》예요. 파브르가 살던 시기에는 지금처럼 장난감이 많지 않았어요. 당시 어린이들은 자연에서 뛰어놀면서 만난 동물과 곤충을 친구로 삼았지요. 파브르도 그랬어요. 교사로 아이들을 가르치던 어느 날, 곤충 관찰하기를 좋아했던 어린 시절이 떠올랐고, 곤충 연구를 시작해요. 그렇게 곤충 연구에 몰두한 파브르는 28년 동안 열 권의 곤충기를 발표했답니다. 파브르는 자기가 '직접 본 것(사실)'만 기록했어요. 나비와 나방의 더듬이를 비교한 부분을 한 번 읽어 볼까요? '곤봉 모양', '깃털 모양'처럼 모양을 구체적으로 설명하고 있어요.

필사하면서 가장 인상적인 부분에 밑줄 그어 볼까?

너에게 보내는 응원 메시지

세금 내는 아이들

_옥효진 지음 · 김미연 그림, 한경키즈(한국경제신문), 2021

세금이란 풍요로운 문명 생활을 누리는 대가로 국민 각자가 나누어 분담하는 일종의 '회비'예요. 국민들이 낸 세금은 국민 혼자 힘으로 해결할 수 없는 국방, 치안 질서, 교육 시설, 경제개발 등과 같이 나라의 큰 공공사업을 위해 다양하게 사용되고 있지요.

생각 더하기

《세금 내는 아이들》은 어린이들이 알아야 할 경제 지식을 알려 주는 동화예요. 흥미진진한 이야기를 따라가다 보면 나도 모르게 경제 '개념'에 대해 이해하게 되지요. 아마도 작가 옥효진 선생님이 실제로 반 학생들과 함께했던 활동을 바탕으로 동화를 지었기 때문일 거예요. 주인공 시우와 친구들이 가상의 나라 '활명수'의 국민이 되어 각자 직업을 가지고 경제 활동하는 이야기가 펼쳐집니다. '세금'에 대한 설명을 '회비'에 빗대 표현한 점이 눈길을 끌어요. 머릿속에 쏙쏙 들어오지요?

필사하면서 가장 인상적인 부분에 밑줄 그어 볼까?

너에게 보내는 응원 메시지

쏭내관의 재미있는 궁궐 기행
_송용진 지음, 지식프레임, 2023

우리는 크고 화려한 집을 보면 '궁전'이란 단어를 씁니다. '궁전'이란 한자로 임금님과 그 가족들이 사는 큰 집이란 뜻이 있어요. 궁궐 내에는 이런 큰 집, 즉 궁전이 많이 있습니다. 이 궁전 중에 특히 한가운데 위치한 궁전을 무엇이라고 부를까요? 한자로 '가운데 중'을 써서 '중궁전'이라고 합니다. 이곳에 사는 마마가 바로 "중전마마 납시오!"의 중전입니다. 그럼 중궁전 뒤에 있는 궁전은 뭘까요? 한자로 '뒤 후'를 써서 후궁전입니다.

생각 더하기

가족과 여행을 계획하고 있다면 무엇을 해야 할까요? 방문할 장소에 대해 미리 알아 두면 좋겠죠? 그때 필요한 게 바로 안내서입니다. 어떤 내용을 소개하기 위해 쓴 글을 안내문이라고 하는데요. 안내서는 안내문을 모은 책입니다. 궁궐 전문가가 알려 주는 궁궐 안내서예요. 궁궐에 있는 여러 궁전을 어떻게 구별해야 할지 설명하고 있어요. '한가운데'에 있으니까 한자 '가운데 중(中)'을 써서 중궁전, 그 뒤에 있는 궁전은 '뒤 후(後)'를 써서 후궁전! 아하! 이제 궁궐에 가도 헷갈리지 않겠죠?

필사하면서 가장 인상적인 부분에 밑줄 그어 볼까?

너에게 보내는 응원 메시지

초등학생 희망 직업 1위 "연예인 될래요"
_김명교 씀

요즘 초등학생에게 인기 있는 직업은 무엇일까? 2024년 3월 한국보건사회연구원과 서울대 사회복지연구소가 초등학교 4학년부터 6학년 학생 330명에게 장래 희망을 물었더니 43%가 '문화·예술·스포츠 전문가 및 관련직'을 골랐다. 여기에는 연예인, 운동선수 등이 포함된다.

두 번째로 많이 선택한 건 '보건·사회복지·종교 관련직'으로 10%를 기록했다. 의사, 약사, 한의사, 종교인 등이 여기에 해당한다. 다음으로 교수나 교사 등의 '교육 전문가 및 관련직'과 판사, 검사, 공무원이 속한 '법률 및 행정 전문직'이 뒤를 이었다.

생각 더하기

요즘 초등학생에게 어떤 직업이 인기일까요? 바로 연예인, 운동선수라고 해요. 연구 기관에서 발표한 보고서 내용을 소개하는 기사문이에요. 이 기사를 읽은 사람들은 '아, 요즘 초등학생은 이런 직업, 이런 분야에 관심이 있구나!'를 알 수 있게 되지요. 어떤 자료를 바탕으로 기사문을 쓸 때는 꼭 '출처'를 밝혀야 해요. 기사 내용이 사실인지, 신뢰할 만한지를 판단하는 중요한 요소이기 때문입니다.

필사하면서 가장 인상적인 부분에 밑줄 그어 볼까?

너에게 보내는 응원 메시지

사실 글쓰기

나만의 의미 더하기

◆ 필사한 내용 중에서 가장 기억에 남는 표현을 골라 볼까요?

◆ 그 표현이 가장 기억에 남는 이유는 무엇인가요?

• 가장 기억에 남는 표현

• 기억에 남는 이유

개념 더하기

신문을 읽어 본 적 있나요? 신문에는 우리 주변에서 일어나는 새로운 소식과 다양한 정보가 담겨 있어요. '기사문'은 신문에 실리는 글이에요. 기자들은 직접 조사하고 자료를 모아 기사문을 씁니다. 기사문은 '사실'을 전달해요. 사실은 '실제로 있었던 일이나 현재에 있는 일'을 의미하지요. 기사문은 자기 생각이나 주장은 빼고 사실을 있는 그대로, 정확하게, 구체적으로 써야 합니다.

기사문은 알릴 가치가 있는 사건이나 사실을 있는 그대로 전달하는 글이에요. 기사문처럼 사실을 있는 그대로 전달하는 글의 종류를 더 알아볼까요?

설명문: 어떤 지식이나 정보를 이해하기 쉽게 풀어 쓴 객관적인 글

안내문: 다른 사람에게 어떤 내용을 소개하고 알리기 위해 쓴 실용적인 글

보고문: 어떤 주제에 대해 연구한 결과나 조사한 내용을 정리해 보고하기 위해 쓴 글

표현 더하기

"기사를 쓰고 싶어요!"

첫 번째 미션 기사로 소개하고 싶은 취잿거리를 찾아보자

1. 혼자만 알기 아까운 새로운 정보가 있다면? 친구들에게 알려주고 싶은 학교 소식이 있다면? 요즘 초등학생의 인기 아이템, 왜 인기가 있는 걸까, 궁금하다면? 이 모든 것은 기사문의 주제가 됩니다.

2. 취재하고 싶은 주제를 설명해요.

• 취재하고 싶은 내용 예시) 며칠 후 우리 학교에서 운동회가 열린대요. 운동회를 취재하고 싶어요.

• 취재하고 싶은 이유 예시) 1년 동안 운동회가 열리기를 손꼽아 기다렸어요. 정말 재미있었거든요.

두 번째 미션 질문을 만들어 보자

1. 내가 신문 독자라면 무엇이 궁금할까? 생각해 보고, 질문을 만들어 보세요. 질문을 만들 때는 육하원칙을 떠올리세요.

> **누구와** 관련한 일일까? 예시) 누가 참가하나요?
> **언제** 일어난 일일까? 예시) 며칠에 열리나요?
> **어디서** 일어났을까? 예시) 어디에서 열리나요?
> **무엇을** 했을까? 예시) 무엇을 하나요?
> **어떻게** 했을까? 예시) 어떤 방식으로 진행되나요?
> **왜** 일어난 걸까? 예시) 운동회를 여는 이유는 무엇인가요?

2. 질문을 만들어 볼까요?

• 첫 번째 질문

• 두 번째 질문

• 세 번째 질문

> **세 번째 미션** **취재해 보자**

1. 취재는 기사를 쓰기 위해서 필요한 자료를 모으거나 조사하는 것을 말해요. 좋은 기사를 쓰려면 꼼꼼하게 취재해야 해요. 취재 내용이 충분하지 못하면 독자에게 궁금증만 생기게 만들거든요. 좋은 기사의 밑거름, 취재에 달렸다는 걸 잊지 마세요!

2. 취재하는 방법은 크게 세 가지가 있어요. 자료 수집, 현장 취재, 인터뷰입니다. 먼저, 기사를 쓰는 데 필요한 내용을 책이나 인터넷 검색으로 모아요. 필요하다면 사진이나 그림, 도표, 영상 등도 살핍니다. 취재하려는 내용이 어떤 장소와 관련이 있다면 직접 가서 조사할 수도 있어요. 기사 주제에 대해 잘 아는 전문가를 만나 직접 물어보는 것도 방법이죠.

3. 기사를 쓸 때는 취재한 내용의 출처를 반드시 밝혀야 해요. '저작권'을 지켜야 하기 때문이에요. 글, 그림, 사진, 동영상, 노래 등 창작물은 만든 사람에게 권리가 있어요. 그래서 몰래 이용해서는 안 됩니다. 어떤 자료인지, 어떤 책에서 참고한 내용인지를 기록했다가 기사에 반영해야 해요.

네 번째 미션 기사문을 완성해 보자

1. 기사를 쓸 때는 육하원칙에 따라야 해요. 누가, 언제, 어디서, 무엇을, 어떻게, 왜를 떠올리면 기사 쓰기가 어렵지 않을 거예요.

2. 육하원칙에 따라 내용을 채운 후, 한 문단으로 정리해 보세요.

> **예시) 누가** ○○초등학교 전교생 / **언제** 2025년 5월 5일 / **어디서** ○○초등학교 운동장 / **무엇을** 어린이날 기념 학년별 체육대회 / **어떻게** 1·2학년생은 주사위 이어달리기, 판 뒤집기 경기에 참여했다. 3학년생은 50m 달리기와 협동 공 굴리기를, 4학년생은 2인3각 달리기, 반 대항 피구대회를, 5학년생은 학급 발야구 대회, 6학년생은 학급 티볼 대회와 피구대회를 열었다. / **왜** 그동안 갈고닦은 실력을 정정당당하게 겨루고, 5월 5일 어린이날을 기념해 학생들에게 즐거운 추억을 만들어 주기 위해서

• 누가

• 언제

• 어디서

• 무엇을

• 어떻게

• 왜

- 한 문단으로 완성하기

예시) 2025년 5월 5일 ○○초등학교에서 '어린이날 기념 학년별 체육대회'가 열렸다. ○○초등학교 전교생이 참여한 이번 체육대회는 그동안 갈고닦은 실력을 정정당당하게 겨루고, 5월 5일 어린이날을 기념해 학생들에게 즐거운 추억을 만들어주기 위해 마련됐다. 학생들은 50m 달리기와 협동 공 굴리기, 2인3각 달리기 경기 등에 참여했다.

나도 기자다!

제목 :

[기사문 쓰기를 돕는 질문]

☐ 최근 알게 된 새로운 소식이나 정보 중에 친구들이 관심을 가질 만한 내용을 떠올려 볼까요?
☐ 최근 열렸던 학교 행사 중에 가장 기억에 남는 걸 생각해 볼까요?
☐ 어떤 모습이나 현상을 보면서 '이건 왜 그럴까?' 하는 궁금증을 가진 적이 있나요? 그걸 주제로 기사문을 써 보세요!

2장
생각과 느낌 표현하기

안네의 일기
_안네 프랑크 지음

1944년 4월 4일 화요일

나는 모든 사람들에게 도움과 기쁨을 주고 싶어. 내가 한 번도 만나 보지 못한 사람들에게도 말이야. 내가 죽은 후에도 잊히지 않았으면 좋겠어. 그런 의미에서 하나님이 내게 글쓰기라는 재능을 주신 점에 정말 감사해. 글쓰기를 통해 나 자신을 발전시킬 수도 있고 내 안의 모든 이야기들을 표현할 수 있거든. 글을 쓸 때는 내 모든 걱정들을 쫓아버릴 수 있어. 슬픔이 사라지고 기분도 좋아져. 다만, 중요한 질문은 '내가 정말 멋진 글을 쓸 수 있을까? 기자나 작가가 될 수 있을까?'야. 그럴 수 있으면 좋겠어. 정말로 간절히 바라는 일이야. 모든 이야기들을, 내 모든 생각과 이상, 꿈들을 글로 남길 수 있을 테니까. 그러니 새로운 마음으로 앞으로도 계속 노력할 거야. 다 잘 될 거야. 마음을 굳게 다잡았으니까.

생각 더하기

《안네의 일기》는 제목 그대로 유대인 소녀 안네 프랑크가 쓴 일기를 엮은 책이에요. 제2차 세계대전이 일어났을 때 유대인은 독일군에게 박해 당해요. 안네 가족도 예외는 아니었습니다. 안네와 가족은 독일군을 피해 은신처에서 지내야 했지요. 안네는 생일 선물로 받은 일기장에 '키티'라는 이름을 지어 주고 '당시 상황'과 '자기 속마음'을 써 내려갑니다. 독일군에게 언제 잡혀갈지 모른다는 공포에 시달리면서도 용기와 희망을 잃지 않아요. 도움과 기쁨을 주는 글을 쓰고 싶다는 꿈도 꾸지요. 전쟁을 겪으면서 그 고통이 얼마나 큰지 알았기 때문에 자기처럼 힘든 사람들을 돕고 싶다는 생각이 들었던 게 아닐까요? 그 마음이 고스란히 담긴 글입니다.

필사하면서 가장 인상적인 부분에 밑줄 그어 볼까?

너에게 보내는 응원 메시지

난중일기
_이순신 지음

정유년(1597년) 9월, 선조 30년, 충무공 53세.

맑음. 조수를 타고 여러 장수를 거느리고 우수영 앞바다로 진을 옮겼다. 벽파정 뒤에 명량은 병력이 적은 우리 수군이 등을 지고 진을 칠 수가 없었기 때문이었다. 여러 장수들을 불러 모아 단호히 말했다. "병법에는 '죽으려 하면 살고, 살려고 하면 죽는다.'라고 했으며, '한 사람이 길목을 지키면 천 명도 두렵게 할 수 있다.'라는 말이 있다. 모두 우리를 두고 이른 말이다. 너희들 중 누구라도 명령을 어긴다면 군율에 따라 엄중히 다스릴 것이다. 사소한 일이라도 용서하지 않겠다."

생각 더하기

《난중일기》는 조선의 장군, 이순신 장군이 임진왜란을 겪으면서 쓴 일기입니다. 일본군과 싸우면서 '한 일, 본 일, 들은 일과 함께 그에 대한 이순신 장군의 '생각과 느낌'이 자세히 기록돼 있지요. 《난중일기》를 읽다 보면 이순신 장군과 함께 전쟁터에 있는 듯한 기분이 들어요. 1597년 9월 15일에 쓴 일기에는 참전을 앞둔 이순신 장군의 비장함이 느껴집니다. 이순신 장군이 장수들에게 이렇게 말한 이유는 무엇일까요? 무슨 일이 있어도 이 전쟁에서 승리하겠다는 의지를 보여 주고, 장수들의 기운을 북돋우기 위함이 아닐까요? 《난중일기》는 우리나라 국보로 지정되었고, 2013년에는 유네스코 세계기록유산에 등재되었습니다.

필사하면서 가장 인상적인 부분에 밑줄 그어 볼까?

너에게 보내는 응원 메시지

빙수
_방정환 지음

얼음은 갈아서 꼭꼭 뭉쳐도 안 된다. 얼음발이 굵어서 싸라기를 혀에 대는 것 같아서는 더구나 못 쓴다. 겨울에 함박같이 쏟아지는 눈발을 혓바닥 위에 받는 것같이 고와야 한다. 길거리에서 파는 솜사탕 같아야 한다. 뚝 떠서 혀 위에 놓으면 아무것도 놓이는 것 없이 서늘한 기운만, 새콤한 맛만 혀 속으로 스며들어서 전기 통하듯이 가슴으로 배로 등덜미로 팍 퍼져 가야 하는 것이다. 그러고는 그 시원한 맛이 목덜미를 식히는 머리 뒤통수로 올라가야 하는 것이다. 그러는 동안에 옷을 적시던 땀이 소문 없이 사라지는 것이다.

생각 더하기

여러분은 방정환 선생님을 알고 있나요? 이 정도는 '누워서 떡 먹기'라고요? 바로 '어린이날'을 만든 분입니다. 어린이를 어린이라고 부르게 된 것도 방정환 선생님 덕분이에요. 어린이도 어른처럼 독립된 인격체로 존중 받아야 할 '어린 사람'이라는 의미가 담겼답니다. 방정환 선생님은 동화 작가이자 동화 구연가로도 이름을 떨쳤어요. 어린이들이 읽을거리가 별로 없었던 1920년대에 잡지 〈어린이〉도 만들었지요. 방정환 선생님이 쓴 수필 〈빙수〉입니다. 여름 하면 가장 먼저 떠오르는 빙수! 맛있는 빙수는 어떤 것인지 '선생님의 생각'을 글로 표현했어요. 어찌나 실감 나는지, 글을 읽는 것만으로도 맛이 느껴지는 듯해요.

필사하면서 가장 인상적인 부분에 밑줄 그어 볼까?

너에게 보내는 응원 메시지

걸리버 여행기
_조너선 스위프트 지음

나는 몸을 일으키려 해봤지만, 꼼짝도 할 수 없었다. 바로 누운 자세로 양팔과 다리가 땅에 단단히 고정되어 있었다. 길고 숱이 많은 머리카락도 마찬가지로 땅에 묶인 상태였다. 몸통 또한 겨드랑이부터 허벅지까지 가느다란 끈들로 묶여 있는 것 같았다. 시선은 정면에 둘 수밖에 없었고, 점점 뜨거워지는 햇볕에 눈이 부셨다.

주변에서 알 수 없는 소리가 들려왔지만, 그 자세로는 하늘밖에 볼 수가 없었다. 얼마 후 내 왼쪽 다리 위에서 살아 있는 무언가가 움직이는 것이 느껴졌고, 이내 그것은 천천히 내 가슴을 지나 턱 밑까지 다가왔다. 눈을 최대한 내리뜨니, 손에는 활과 화살을, 등에는 화살 통을 멘 15센티미터도 안 되는 작은 사람이 보였다.

생각 더하기

《걸리버 여행기》는 영국 작가인 조너선 스위프트가 쓴 소설입니다. 어린이들을 위한 동화로 많이 알려졌지만, 사실 영국의 정치 현실을 꼬집은 풍자 소설이지요. 주인공 걸리버는 배를 타고 여행하다가 소인국과 거인국, 하늘을 나는 섬나라, 말의 나라 등 상상 속 나라에 다다릅니다. 실제로 존재하지 않는 곳을 여행하는 상상 여행인 셈이지요. 그곳에서 '보고 듣고 느낀 것'들을 기행문의 형식으로 들려줍니다. 처음으로 도착한 곳은 소인국이에요. 바다에서 풍랑을 만난 걸리버는 어느 해안가에서 지쳐 잠들어요. 잠에서 깨어나 일어나려고 했지만, 좀처럼 움직일 수가 없었지요. 알고 봤더니 글쎄, 자기 몸이 꽁꽁 묶여 있던 거예요. 도대체 누가 걸리버를 이렇게 만든 걸까요?

필사하면서 가장 인상적인 부분에 밑줄 그어 볼까?

너에게 보내는 응원 메시지

생각과 느낌 글쓰기

나만의 의미 더하기

◆ 필사한 내용 중에서 가장 기억에 남는 표현을 골라 볼까요?

◆ 그 표현이 가장 기억에 남는 이유는 무엇인가요?

• 가장 기억에 남는 표현

• 기억에 남는 이유

개념 더하기

오늘 하루, 어떻게 보냈나요? 우리는 매일 다양한 일을 경험해요. 그중에서도 즐거웠던 일, 기뻤던 일, 화가 났던 일, 속상했던 일 등 특히 기억에 남는 일이 있을 거예요. 그 일을 떠올리다 보면 내 생각과 느낌, 감정을 알아챌 수 있지요. 이걸 글로 표현한 것을 '일기'라고 합니다.

일기는 그날 있었던 일 중에서 기억에 남는 일과 그에 대한 자기 생각과 느낌을 표현한 글이에요.
일기처럼 겪은 일에 관한 생각과 느낌을 표현하는 글의 종류를 더 알아볼까요?

생활문: 일상생활에서 보고, 듣고, 겪은 일 중에서 기억에 남는 일에 대해 자세하게 쓴 글.

기행문: 여행하면서 보고, 듣고, 겪은 일과 함께 나의 느낌이나 감상을 쓴 글.

감상문: 책이나 영화, 음악, 그림 등을 감상한 후 나의 생각과 느낌을 쓴 글.

*생활문과 일기, 무엇이 다른가요?
일기는 '그날 있었던 일' 중에서 글감을 찾고, 생활문은 '내가 경험한 일'이라면 무엇이든 글감으로 삼을 수 있지요.

표현 더하기

"일기 쓰기, 왜 이렇게 힘들죠?"

첫 번째 미션 소재를 찾아보자

1. 사람(대상)을 떠올려 볼까요?

아빠와 처음으로 자전거를 탔던 일, 엄마와 단둘이 데이트했던 일, 동생과 다투었던 일, 친구들과 축구 경기를 했던 일…. 아빠, 엄마, 동생, 친구, 반려동물 등 누군가와 함께했던 일을 떠올려 보세요.

2. 장소를 떠올려 볼까요?

집에서 있었던 일, 학교에서 있었던 일, 학원에서 있었던 일, 놀이터에서 있었던 일…. 집, 학교, 학원, 놀이터 등 어떤 장소에서 일어난 일을 곰곰이 생각해 보세요.

3. 시간을 떠올려 볼까요?

아침에 있었던 일, 점심시간에 있었던 일, 저녁에 있었던 일…. 하루를 아침, 점심, 저녁으로 나누고 시간대별로 있었던 일을 생각해 보세요.

4. 감정을 떠올려 볼까요?

기뻤던 일, 슬펐던 일, 재미있었던 일, 뿌듯했던 일…. 오늘 하루를 돌아봤을 때 어떤 감정이 가장 먼저 떠올랐나요? 어떤 일이 그런 감정을 느끼게 했나요? 나의 감정도 일기의 글감이 됩니다.

두 번째 미션 일기의 글감을 설명해 보자

• 가장 기억에 남는 일 예시) 오늘 학교에서 받아쓰기 시험을 봤어요.

• 기억에 남는 이유는

예시) 지난주에는 받아쓰기 시험에서 아쉽게 한 개를 틀렸어요. 이번에는 꼭 다 맞히고 싶어서 열심히 공부했더니, 백 점을 맞았어요. 무척 기뻤어요.

세 번째 미션 잘 쓸 수 있는 방법을 알아보자

1. <u>나를 위해 쓰세요.</u> 매일 일어나는 일을 모두 기억할 수는 없어요. 하지만 일기를 쓰면 언제든 기억을 떠올릴 수 있답니다. 일기는 '나의 역사'예요. 차곡차곡 꾸준히 기록하는 게 중요해요.

2. <u>자유롭게, 솔직하게 쓰세요.</u> 일기는 사실, 다른 사람에게 보여 주기 위해 쓰는

글이 아니에요. '나만 보는 글'이지요. 앞서 소개한 《안네의 일기》를 쓴 안네처럼 나만의 비밀 친구가 생겼다고 생각하고 자유롭게, 솔직하게 쓰세요.

3. <u>날짜와 요일, 날씨를 함께 쓰세요.</u> 언제 있었던 일인지 기록해 두어야 나중에 찾아보기 편하답니다.

네 번째 미션 일기의 종류를 더 알아보자

1. 일기는 형식에 구애받지 않아도 괜찮아요. 나의 이야기를 꾸준히 기록하는 것이 더 중요하답니다.

2. 일기의 종류를 알아볼까요?

만화 일기: 그날 있었던 일 중에 가장 기억에 남는 일을 만화로 표현한 일기

관찰 일기: 식물이나 동물 등을 기르는 과정을 관찰해 기록한 일기

신문 일기: 관심 있는 분야나 이슈를 다룬 기사에 대해 자기 생각과 느낌을 기록한 일기

나도 작가다!

제목 :

[일기 쓰기를 돕는 질문]

☐ 오늘 있었던 일 중에서 가장 기억에 남는 사람(대상)을 떠올려 볼까요? 그 사람과 무엇을 했는지 써 보세요.

☐ 오늘 학교에서 있었던 일을 떠올리고, 가장 기억에 남는 일에 대해 써 보세요.

☐ 오늘 있었던 일 중에서 가장 즐거웠던 일을 생각해 보고, 왜 즐거웠는지 써 보세요.

3장 의견 표현하기

나에게는 꿈이 있습니다
_마틴 루터 킹 씀

나에게는 꿈이 있습니다. 언젠가 이 나라가 우뚝 일어나 "모든 인간은 평등하게 태어났고, 이것이 자명한 진실이라고 믿는다."는 건국의 참된 이념에 따라 살아가게 되리라는 꿈입니다.

나에게는 꿈이 있습니다. 언젠가는 조지아의 붉은 언덕 위에 옛 노예의 후손들과 옛 주인의 후손들이 형제애의 식탁에 함께 둘러앉는 날이 오리라는 꿈입니다.

나에게는 꿈이 있습니다. 언젠가 숨 막히는 불의와 억압의 열기로 가득한 미시시피주마저 자유와 평등의 오아시스로 변하리라는 꿈입니다.

나에게는 꿈이 있습니다. 언젠가 나의 네 아이들이 피부색이 아니라 인격으로 평가받는 그런 나라에 살게 되는 날이 오리라는 꿈입니다.

지금 나에게는 꿈이 있습니다!

생각 더하기

마틴 루터 킹 목사는 미국 인권 운동가입니다. 당시 흑인들은 피부색이 검다는 이유로 차별 받고, 폭력에 시달렸어요. 그 모습을 보고 인종 차별을 없애야겠다고 마음먹지요. 흑인도 훌륭한 사람이 될 수 있다는 걸 보여 주려고 공부도 열심히 했답니다. 킹 목사는 흑인 인권 운동을 평화적으로 이끌었어요. '폭력은 더 큰 폭력을 낳는다'고 생각했거든요. 〈나에게는 꿈이 있습니다〉는 킹 목사의 유명한 연설문이에요. 워싱턴 D.C.의 링컨 기념관에 모인 군중 25만 명 앞에서 모든 인간은 평등하다는 걸 호소했지요. 미국 역사에 길이 남는 명연설로 꼽힙니다.

필사하면서 가장 인상적인 부분에 밑줄 그어 볼까?

너에게 보내는 응원 메시지

백범일지
_김구 지음

나는 우리나라가 세계에서 가장 아름다운 나라가 되기를 원한다. 가장 부강한 나라가 되기를 원하는 것은 아니다. 내가 남의 침략에 가슴이 아팠으니 내 나라가 남을 침략하는 것을 바라지 아니한다. 우리의 부력은 우리의 생활을 풍족히 할 만하고, 우리의 강력은 남의 침략을 막을 만하면 족하다. 오직 한없이 가지고 싶은 것은 높은 문화의 힘이다. 문화의 힘은 우리 자신을 행복하게 하고 나아가서 남에게 행복을 주기 때문이다.

생각 더하기

독립운동가이자 정치가인 김구 선생은 조국의 독립에 헌신했습니다. 일본에 나라를 빼앗겼던 일제 강점기, 김구 선생은 나라를 되찾기 위해 독립 운동에 나섰어요. 광복군을 조직해 일본군과 싸우고, 대한민국 임시정부를 세워 독립 운동을 이어갔습니다. 김구 선생은 임시정부에서 활동하는 동안 있었던 일을 자서전 《백범일지》에 기록했어요. 우리나라 독립운동의 역사가 고스란히 담겨 있지요. 《백범일지》는 상·하편과 부록 〈나의 소원〉으로 구성돼 있습니다. 이 글은 〈나의 소원〉에 실린 '아름다운 나라'라는 글입니다. 김구 선생은 대한민국이 경제력이나 군사력이 강한 나라이기보다 문화의 힘을 가진 아름다운 나라이길 바랐습니다. 그 문화의 힘으로 다른 나라에도 감동을 주길 바랐지요. 대한민국이 '문화 강국'으로 우뚝 서길 꿈꾸던 김구 선생의 간절한 마음이 느껴지는 글이에요.

필사하면서 가장 인상적인 부분에 밑줄 그어 볼까?

너에게 보내는 응원 메시지

전 세계의 모든 말랄라를 위하여
_말랄라 유사프자이 씀

친애하는 여러분,

2012년 10월 9일, 탈레반이 제 이마 왼쪽에 총을 쐈습니다. 제 친구들도 총을 맞았습니다. 그들은 총알로 우리를 침묵시킬 수 있을 거라 생각했습니다. 하지만 그들은 실패했습니다. 그 침묵 속에서, 수천 개의 목소리가 태어났으니까요.

테러리스트들은 제 목표를 꺾고, 제 야망을 잠재울 수 있을 거라 생각했습니다. 하지만 제 삶에서 바뀐 것은 단 하나뿐이었습니다. 나약함, 두려움, 절망은 사라지고, 강인함, 힘, 용기가 태어났다는 것입니다.

저는 여전히 똑같은 말랄라입니다. 저의 포부도 같고, 희망도 같으며, 꿈도 변함없습니다.

생각 더하기

파키스탄에서 태어난 말랄라 유사프자이는 열일곱 살에 역대 최연소로 노벨평화상을 받았습니다. 목숨을 잃을 뻔한 위험한 상황에서도 '여성 교육 운동'을 멈추지 않았던 용기와 의지를 인정 받은 덕분이지요. 말랄라는 탈레반이라는 테러 조직이 파키스탄을 공격해 여성이 교육받을 권리를 빼앗자, 열 살 때부터 여성 교육 운동을 펼쳤습니다. 파키스탄의 상황을 알리는 글을 올리고, 〈뉴욕타임스〉 다큐멘터리에도 출연해 '여성도 교육받을 권리가 있다'고 주장했지요. 탈레반은 말랄라를 그냥 두지 않았습니다. 2012년 10월, 학교에서 집으로 돌아가던 말랄라는 총격을 당했습니다. 기적처럼 목숨을 건진 말랄라는 지금도 여성 교육 운동에 앞장서고 있습니다.

필사하면서 가장 인상적인 부분에 밑줄 그어 볼까?

너에게 보내는 응원 메시지

세상의 모든 어버이들께
_세번 컬리스 스즈키 씀

이제 저는 태양 아래 서는 것이 두렵습니다. 오존층에 생긴 구멍들 때문입니다. 저는 숨 쉬는 것도 두렵습니다. 공기 속에 어떤 화학 물질이 들어 있는지 모르니까요.

여러분들이 제 나이였을 때도 이런 걱정을 하셨나요? 이 모든 일은 우리 눈앞에서 일어나고 있는데도 우리에게 시간이 무한히 주어진 것처럼, 모든 해결책이 마련된 것처럼 행동하고 있습니다. 아직 어린아이인 저는 모든 해결책을 알지 못합니다. 그리고 여러분도 저와 다르지 않다는 점을 깨닫길 바랍니다. 여러분도 오존층의 구멍을 어떻게 메워야 할지 모릅니다. 죽어버린 강에 다시 연어를 돌아오게 하는 방법도 모릅니다. 멸종한 동물을 되살리는 법도 모릅니다. 사막이 되어 버린 곳을 다시 숲으로 되돌릴 수도 없습니다. 되돌릴 방법을 모른다면, 더 이상 망가뜨리지 말아 주세요.

생각 더하기

1992년 6월, 브라질에서 리우 지구정상회의가 열렸습니다. 세계 각국 대표들이 모여 지구 환경 보전 문제를 논의하는 자리였지요. 이 자리에서 한 캐나다 소녀가 연설에 나섰습니다. 열두 살 환경운동가, 세번 컬리스 스즈키였지요. 스즈키는 아마존 밀림 파괴의 심각성과 기후 위기를 알리기 위해 친구들과 함께 환경 단체 '에코(ECO)'를 만들어 활동했습니다. 환경 문제에 대한 어린이의 입장을 전하기 위해 리우 지구정상회의에 참가했지요. 연단에 선 스즈키는 어른들을 향해 '망가진 환경을 다시 살릴 방법을 모른다면, 제발 환경을 그만 망가뜨리라.'고 외칩니다. '아이들의 미래를 위해 어른들이 무엇을 해야 하는지 생각해 보라.'고 호소하지요. 스즈키의 목소리는 각국 대표들의 마음을 흔들었고, 6분 동안 기립박수를 받았습니다.

필사하면서 가장 인상적인 부분에 밑줄 그어 볼까?

너에게 보내는 응원 메시지

나의 의견 글쓰기

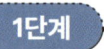

나만의 의미 더하기

◆ 필사한 내용 중에서 가장 기억에 남는 표현을 골라 볼까요?

◆ 그 표현이 가장 기억에 남는 이유는 무엇인가요?

• 가장 기억에 남는 표현

• 기억에 남는 이유

개념 더하기

친구와 놀기로 하고 놀이터에 모였는데, 문제가 생겼어요. 놀이터 여기저기에 쓰레기가 버려져 있는 거예요. 쓰레기가 가득한 놀이터에서 놀다가 다칠 수도 있겠다는 생각이 들었지요. '놀이터를 이용하는 사람들이 쓰레기를 버리지 않게 하려면 어떻게 해야 할까?' 고민하다가 마틴 루터 킹 목사처럼 연설문을 써서 사람들을 '설득'하기로 했어요. 연설문은 많은 사람 앞에서 연설하기 위해 쓴 글이에요. 다른 사람들의 행동이나 생각을 바꾸도록 설득하려면 내 의견을 분명하게 전달해야 해요. '놀이터에 쓰레기를 버리면 안 된다.'는 '주장'과 '놀이터는 여러 사람이 사용하는 공공장소이기 때문'이라는 '근거'를 담는다면 좋겠죠?

연설문처럼 다른 사람을 설득하기 위한 글을 논설문이라고 해요. 상대방이 내 의견에 공감하고 따르게 하려면 주장과 함께 주장하는 이유나 주장을 뒷받침해 주는 근거를 들어야 합니다.
다른 사람을 설득하기 위해 자기 의견을 밝혀 쓴 글의 종류를 더 알아볼까요?

사설: 신문사나 잡지사에서 사회 이슈에 대해 입장과 의견을 밝힌 글.

공익광고문: 나라와 국민 모두에게 이익이 되는 내용을 광고하기 위해 쓴 글.

표현 더하기

"연설문을 써 볼까요?"

첫 번째 미션 평소 불편함을 느꼈던 일을 떠올려 보자

1. 일상생활 속에서 불편함을 느낀 적이 있나요? 고쳤으면 하는 일이나 잘못이라고 생각한 일을 떠올려 보세요. 우리를 불편하게 만드는 문제를 해결하기 위해 무엇을 해야 할지 고민하는 데서 글감을 찾을 수 있어요.

2. 학급에서 일어나는 문제를 생각해 볼까요? 학급에서 정한 규칙을 지키지 않아서 일어난 문제, 친구를 배려하지 않아서 생기는 문제 등이 있어요.

3. 사회에서 일어나는 문제도 떠올려 보세요. 공공장소에서 공중 예절을 지키지 않아서 일어난 문제, 우리가 버리는 쓰레기 때문에 환경오염이 심각해지는 문제, 어린이들의 스마트폰 사용 시간이 늘어나면서 일어난 문제 등이 있답니다.

두 번째 미션 나의 주장을 정리해 보자

1. 어떤 문제에 관해 내 생각과 의견을 분명하게 정해야 해요. 그래야 글을 읽는 사람이 내 주장을 명확하게 이해할 수 있어요.

2. 내가 무엇을 바라는지, 문제를 해결하려면 어떻게 해야 하는지를 곰곰이 생각해 보세요.

• 나의 주장 예시) 친구를 별명으로 놀리지 맙시다!

세 번째 미션 　나의 주장을 뒷받침할 이유와 근거를 찾아보자

1. <u>주장할 때는 왜 그렇게 생각하는지 이유를 설명해야 해요.</u> "무조건 내 말이 맞아!", "그냥 그런 것 같아!" 이렇게 억지 주장을 하거나 무작정 우긴다면 상대방을 설득하기 어렵겠죠?

2. <u>객관적인 자료를 활용하세요.</u> 신문 기사, 통계 자료, 전문가의 말과 글 등을 인용해 근거를 제시하면 내 주장에 힘이 실려요. 단, 객관적인 자료를 활용할 때는 출처를 정확하게 밝혀야 한답니다.

3. 주장을 뒷받침하는 이유를 설명해 보세요.

• 나의 주장

예시) 친구를 별명으로 놀리지 맙시다!

• 이유

① 이름이나 외모에 대한 별명을 부르는 건 친구의 기분을 상하게 해요.

② 별명으로 놀리면 친구와 사이가 멀어질 수 있어요.

③ 상대방이 싫어하는 행동을 해서는 안 돼요.

④ 친할수록 서로 존중해야 해요.

네 번째 미션 연설문을 완성해 보자

1. 여러 사람이 내 이야기에 귀를 기울이게 하려면 어떻게 해야 할까요? 처음에 어떤 내용으로 시작하느냐가 중요해요. '어떤 이야기를 할까?' 궁금증을 불러 일으켜야 해요. '문제 상황'을 보여주면서 시작해 보세요.

2. '문제 상황 → 주장 → 이유나 근거 → 주장' 순서로 정리해 보세요. 마지막에 한 번 더 주장하는 내용을 넣으면 내가 전달하려는 이야기를 강조할 수 있어요.

• 문제 상황

예시) 며칠 전, 학교에서 쉬는 시간에 친구끼리 다툼이 일어났어요. 서로 별명을 부르면서 놀리다가 일어난 싸움이었습니다. 친한 친구들이었는데 별명으로 놀리다가 사이까지 멀어졌습니다.

• 주장

예시) 친구를 존중하는 마음으로 서로 별명으로 놀리지 맙시다.

• 이유

예시) 이름이나 외모에 대한 별명으로 놀리면 상대방의 기분을 상하게 만듭니다. 친구와 사이도 멀어질 수 있어요. 친한 사이일수록 서로 존중해야 합니다. 상대방이 싫어하는 행동을 해서는 안 됩니다.

• 주장 강조

예시) 친구를 존중하는 마음으로 서로 별명으로 놀리지 맙시다.

나도 연설가다!

제목 :

[연설문 쓰기를 돕는 질문]

☐ 최근 있었던 일 중에 불편함을 느꼈던 상황을 떠올려 보세요. 고쳤으면 하는 일이나 잘못이라고 생각한 일은 없었나요? (문제 상황)

☐ 불편을 해소하려면 어떻게 해야 할까요? 내 생각과 의견을 말해 보세요. (주장)

☐ 왜 그렇게 생각했는지 설명해 보세요. (이유와 근거)

4장 노래 부르듯 표현하기

어린이 노래
_강소천 지음

하늘 향해 두 팔 벌린 나무들같이

무럭무럭 자라나는 나무들같이

너도나도 씩씩하게 어서 자라서

새 나라의 기둥 되자. 우리 어린이

해님 보고 방긋 웃는 꽃송이같이

아름답게 피어나는 꽃송이같이

너도나도 곱게 곱게 어서 피어서

새 나라의 꽃이 되자. 우리 어린이

바다 찾아 흘러가는 시냇물처럼

조잘조잘 노래하는 시냇물처럼

너도나도 서로서로 힘을 모아서

새 나라의 힘이 되자. 우리 어린이

> 생각 더하기

우리나라를 대표하는 아동문학가, 강소천 선생님이 쓴 동시입니다. 선생님은 어린이들에게 용기와 희망을 주는 글을 쓰는 데 평생을 바쳤어요. 〈어린이 노래〉에는 어린이를 사랑하는 강소천 선생님의 마음이 오롯이 담겨 있어요. 나무처럼 무럭무럭 자라길, 꽃송이처럼 아름답게 피어나길, 바다로 흘러가는 시냇물처럼 서로 힘을 모아 희망 가득한 세상을 만들어 나가길 바랐지요. 익숙한 동요 〈꼬마 눈사람〉, 〈코끼리〉, 〈스승의 은혜〉, 〈유관순〉 등도 강소천 선생님이 지은 동시에 곡을 붙인 거랍니다.

필사하면서 가장 인상적인 부분에 밑줄 그어 볼까?

너에게 보내는 응원 메시지

예솔아
_김원석 지음

"예솔아!"
할아버지께서 부르셔
"예." 하고 달려가면
"너 말구 네 아범."

"예솔아."
할아버지께서 부르셔
"예."
하고 달려가면
"너 아니고 네 엄마."

아버지를
어머니를
"예솔아!" 하고 부르는 건

내 이름 어디에
엄마와 아빠가
들어 계시기 때문일 거야.

> ### 생각 더하기

할아버지는 분명 '예솔이'를 불렀는데, 예솔이를 부른 게 아니라고 해요. 예솔이 아빠, 엄마를 "예솔아!" 하고 부른 거예요. 할아버지가 예솔이를 놀린 걸까요? 내 얼굴을 거울에 비추어 보아요. 눈, 코, 입, 어느 것 하나 아빠, 엄마를 닮지 않은 데가 없어요. 심지어 웃는 모습까지 닮았지요. '내 이름 어디에 엄마와 아빠가 들어 계시기 때문일 거야.'라는 표현은 그만큼 우리가 엄마, 아빠의 모습을 쏙 빼닮았다는 의미 같아요. 이 시는 동요로 만들어져 지금까지 많은 사랑을 받고 있답니다.

필사하면서 가장 인상적인 부분에 밑줄 그어 볼까?

너에게 보내는 응원 메시지

진달래꽃
_김소월 지음

나 보기가 역겨워 가실 때에는
말없이 고이 보내 드리우리다

영변에 약산 진달래꽃
아름 따다 가실 길에 뿌리우리다

가시는 걸음걸음 놓인 그 꽃을
사뿐히 즈려밟고 가시옵소서

나 보기가 역겨워 가실 때에는
죽어도 아니 눈물 흘리우리다

생각 더하기

사랑하는 사람이 나를 떠난다면 어떤 마음이 들까요? 마음이 몹시 아플 거예요. 떠나지 말라고 붙잡고 싶어질 테고요. 하지만 아무 말없이 보내 주겠다고 해요. 산에 핀 진달래꽃을 한아름 따서 떠나는 길을 아름답게 꾸미겠다고 하지요. 이 마음은 진심일까요? 아마도 아닐 거예요. '죽어도 아니 눈물 흘리우리다.'라는 표현에서 알 수 있지요. 이별이 죽을 만큼 슬프고 속상하지만, 사랑하는 사람에게 그 마음을 들키지 않으려고 애쓰는 듯 보여요. 겉으로는 괜찮은 척, 속으로는 눈물을 흘리면서 말이죠. 얼마나 사랑하면, 헤어지는 순간에도 상대를 먼저 배려할 수 있을까요? 여러분은 어떤 생각이 드나요?

필사하면서 가장 인상적인 부분에 밑줄 그어 볼까?

너에게 보내는 응원 메시지

서시
_윤동주 지음

죽는 날까지 하늘을 우러러
한 점 부끄럼이 없기를,
잎새에 이는 바람에도
나는 괴로워했다.
별을 노래하는 마음으로
모든 죽어가는 것을 사랑해야지
그리고 나한테 주어진 길을
걸어가야겠다.

오늘 밤에도 별이 바람에 스치운다.

생각 더하기

드넓은 공원에 앉아 푸른 하늘을 올려다본 적 있나요? 까만 밤하늘을 밝혀 주는 별을 세어 보았나요? 풀 냄새 가득한 바람을 느껴 본 적은요? 하늘과 바람, 별…. 자연은 순수함과 깨끗함을 상징해요. 그래서일까요. 바라보기만 해도 가슴이 탁 트이는 느낌이에요. 마음속 걱정과 고민도 잠시 내려놓고 돌아볼 수 있게 하지요. 흐트러진 마음을 다잡게 도와주기도 하고요. 이 시의 화자도 그랬나 봐요. 자연을 보면서 다짐해요. 비록 지금은 힘들지만, 하늘처럼, 별처럼, 맑고 아름다운 마음으로 '한 점 부끄럼' 없이 '나에게 주어진 길'을 걷겠다고 말이죠. 여러분도 이렇게 다짐해 본 적 있나요?

필사하면서 가장 인상적인 부분에 밑줄 그어 볼까?

너에게 보내는 응원 메시지

노래 부르듯 글쓰기

나만의 의미 더하기

◆ 필사한 내용 중에서 가장 기억에 남는 표현을 골라 볼까요?

◆ 그 표현이 가장 기억에 남는 이유는 무엇인가요?

• 가장 기억에 남는 표현

• 기억에 남는 이유

개념 더하기

여러분은 어떤 노래를 좋아하나요? 좋아하는 노래 가사를 흥얼거려 볼까요? 신기하게도 시를 읽는 듯한 느낌이 들지 않나요? 반대로 시를 소리 내어 읽다 보면 '리듬'이 느껴져요. 똑같은 말, 비슷한 말을 여러 번 되풀이해 표현한 덕분이지요. 자기 생각과 느낌을 짧은 말로 표현했다는 점에서 시와 노랫말은 참 비슷해요.

시는 생각이나 감정을 리듬이 느껴지는 짧은 말로 표현한 글이에요.
앞서 소개한 <어린이 노래>처럼 노래가 된 시를 더 살펴볼까요?

<꼬까신> 최계락

<오빠 생각> 최순애

<고향의 봄> 이원수

표현 더하기

"시를 쓰고 싶어요!"

첫 번째 미션 글감을 찾아 보자

우리가 경험하고, 관찰하고, 상상한 모든 것이 글감이 될 수 있어요.

1. 학교에서 있었던 일, 가족과 함께 한 나들이, 친구와 신나게 놀았던 날…. 우리의 <u>일상</u>을 자세히 들여다보세요. 지금 떠오르는 바로 그것! 그것에 대한 경험과 느낌이 바로 글감!

2. 이번에는 우리 주변을 <u>관찰</u>해 볼까요? 우리집 강아지, 내 동생, 엄마와 아빠, 등굣길에 핀 벚꽃, 가장 좋아하는 음식…. 눈으로 보고 냄새도 맡아보고, 손으로 만져보고, 소리에 귀 기울이고, 맛도 느껴 보세요. 이것도 글감!

3. 기쁨, 슬픔, 화남, 즐거움…. '나는 무엇을 할 때 기쁠까?', '나는 언제 슬플까?', '나를 즐겁게 만드는 건 뭘까?' 이 질문들을 곰곰이 생각해 보세요. 여러분의 <u>감정</u>도 글감이 됩니다.

두 번째 미션 일상어를 시어로 바꾸어 보자

1. 늘 쓰던 말도 어떻게 표현하느냐에 따라 시가 될 수 있어요.

예시 나는 오늘 학교 가는 길에 하얗게 핀 벚꽃을 봤다. 벚꽃이 핀 모습이 꼭 팝콘 같았다. 이따 엄마한테 팝콘을 사 달라고 해야겠다.

→ 학교 가는 길

하얗게 핀 벚꽃

팡, 팡, 팡

팝콘 같다.

"엄마, 팝콘 사 주세요."

2. 일기장에서 일기 한 편을 골라서 시로 바꾸어 써 볼까요?

3. 일기와 시를 비교하면 시의 특징을 알 수 있어요.

- 일기보다 길이가 짧아요.
- 말속에 숨어 있는 뜻이 있어요.
- 소리 내 읽으면 리듬이 느껴져요.
- 같은 말이 여러 번 쓰여요.

세 번째 미션 리듬이 느껴지는 짧은 말로 표현해 보자

1. 재미있는 말을 여러 번 반복해 보세요. (반복해서 표현하기)

> 예시) 팡, 팡, 팡

2. 오감(눈, 코, 입, 귀, 피부로 느끼는 감각)으로 관찰하고 글로 생생하게 나타내 보세요. (감각적인 표현 활용하기)

> 예시) 하얗게 핀 벚꽃

3. 시로 나타내려는 사람이나 사물을 다른 대상에 빗대어 보세요. (비유 활용하기)

> 예시) 벚꽃이 팝콘 같다.

나도 시인이다!

제목 :

[시 쓰기를 돕는 질문]

☐ 최근에 했던 활동 중에 특히 재미있었던 걸 떠올려 볼까요? (일상)
☐ 내가 좋아하는 동물의 특징을 표현해 볼까요? (관찰)
☐ 최근 있었던 일 중에 가장 기뻤던 일을 떠올리고, 그때의 감정을 표현해 볼까요? (감정)

5장 상상으로 표현하기

책이 사라진 날
_고정욱 지음 · 서현 그림, 한솔수북, 2019

놀이터 너머 광장에는 책으로 만든 어마어마한 산이 있었습니다. 화물용 비행접시가 실어다 쌓아 놓은 책 산입니다. 눈앞에 펼쳐진 책 산을 보면서도 상진이와 민지는 구경하러 갈 엄두조차 안 났습니다. 산더미 같은 책을 뺑 에워싸고 울타리를 쳐 놓고 외계인들이 감시하고 있으니 들어가 볼 수도 없었습니다. 책을 좋아하는 상진이와 민지에게는 끔찍한 나날이었습니다.

생각 더하기

어느 날 갑자기, 온 세상의 책이 모두 사라진다면 어떨까요? 그것도 문어를 닮은 외계인들이 지구에 쳐들어와 책을 다 빼앗아 갔다면요? 만약 책을 읽다가 들키면 외계인들이 쏜 광선에 맞아 미생물이 될지도 몰라요. 책을 좋아하는 상진이와 민지는 이 상황을 믿을 수가 없었어요. 고민 끝에 외계인들이 쌓아 놓은 책 산에 몰래 접근하기로 결심하죠. 《책이 사라진 날》은 '상상'에서 시작된 이야기입니다. 고정욱 작가님이 어렸을 때는 책이 너무 귀했대요. 어딜 가나 책이 그득한 요즘, 책 귀한 줄 모르는 모습에 안타까워하다가, 문득 '책이 사라지면 어떻게 될까?'라는 상상을 했다고 합니다. 과연 상진이와 민지는 빼앗긴 책을 되찾을 수 있을까요?

필사하면서 가장 인상적인 부분에 밑줄 그어 볼까?

너에게 보내는 응원 메시지

오즈의 마법사
_라이먼 프랭크 바움 지음

도로시는 허수아비의 묘하게 칠해진 얼굴을 뚫어져라 바라보다가, 한쪽 눈을 천천히 감는 모습을 보고 깜짝 놀랐습니다.

처음에는 분명 잘못 본 거라 여겼지요. 캔자스에서는 윙크하는 허수아비를 들어 본 적이 없었으니까요.

하지만 곧 허수아비가 다정하게 고개를 끄덕였습니다. 도로시는 울타리에서 내려와 허수아비에게 다가갔습니다. 그 사이 토토는 기둥을 빙빙 돌며 짖어대고 있었지요.

생각 더하기

미국 작가 라이먼 프랭크 바움이 1900년에 발표한 아동 소설입니다. 발표 당시에는 《오즈의 위대한 마법사》라는 제목으로 소개됐답니다. 캔자스에 사는 소녀 도로시는 집과 함께 회오리바람에 휩쓸려 신비한 마법의 나라로 날아갑니다. 그곳에서 도로시는 집에 돌아가려면 에메랄드 시에 있는 위대한 마법사 오즈를 만나야 한다는 걸 알게 되지요. 노란 벽돌길을 따라 에메랄드 시로 향하는 도로시. 그 길에서 허수아비, 양철 나무꾼, 겁쟁이 사자를 만나 함께 여행을 떠납니다. 도로시와 허수아비가 만나는 장면이에요. 사람처럼 윙크하고, 고개까지 끄덕이는 허수아비라니! 지금껏 본 적 없는 허수아비를 보고 도로시는 깜짝 놀라요. 현실에서는 일어나지 않을 법한 일도 '상상의 세계'에서는 얼마든지 가능하지요. 과연 도로시와 친구들은 위대한 마법사 오즈를 만날 수 있을까요?

필사하면서 가장 인상적인 부분에 밑줄 그어 볼까?

너에게 보내는 응원 메시지

국립 어른 초등학교
_이지훈 지음 · 정용환 그림, 거북이북스, 2020

4년 전부터 전국의 모든 어른은 진짜 어른이 되기 위해서 국립 어른 초등학교에서 의무교육을 받기 시작했다.

2년제인 국립 어른 초등학교는 우리의 방학 기간에 개학한다. 이때는 전국의 평범한 초등학교가 3주 동안 어른 초등학교로 변신한다.

물론 우리가 6년 동안이나 초등학교에 다니는 것에 비하면 턱없이 짧지만, 어른들도 돈을 벌어야 하니까 마냥 오랫동안 다닐 수는 없는 모양이다.

어쨌든 중요한 건 오늘부터 나, 이라온이 국립 어른 초등학교 선생님이라는 거다.

생각 더하기

'동화 속 상상이 현실이 되면 얼마나 좋을까?' 어린이라면, 그리고 초등학생이라면 한 번쯤 해 봤을 '상상'이 《국립 어른 초등학교》에서는 실제로 일어납니다. 바로 '역할 바꾸기'입니다. 만날 잔소리하던 어른들은 학생이 되고, 어린이들은 선생님이 된 거예요. 아이들에게 인정받는 어른다운 어른, 모범이 될 어른을 양성하는 것이 국립 어른 초등학교의 목표입니다. 어른 학생들은 숙제는 물론 일기 쓰기도 해야 해요. 어린이 선생님에게 검사도 받아야 하고요. 시험에서 통과하지 못하면 나머지 공부도 해야 하죠. 어른 학생들은 무사히 어른 자격증을 받을 수 있을까요? 여러분이 국립 어른 초등학교의 선생님이라면 어른들에게 무엇을 가르치고 싶나요?

필사하면서 가장 인상적인 부분에 밑줄 그어 볼까?

너에게 보내는 응원 메시지

아빠 고르기
_채인선 지음 · 김은주 그림, 논장, 2025

내가 아직 태어나지 않았을 때, 나는 다른 세상에서 아빠를 고르고 있었어요. 정확하게 말하면 부모님을 고르는 거지만, 엄마 아빠가 둘 다 마음에 들기란 쉬운 일이 아니잖아요. 그래서 내린 결론이 '이번에는 아빠 고르는 것에 집중하자.'였어요. 엄마들은 대부분 아이에 대한 마음이 크게 다르지 않은데, 아빠들은 이런 사람, 저런 사람 천차만별이니까요. 신경 쓰지 마세요. 그저 내가 그렇게 생각한다는 거죠.

생각 더하기

'우리 아빠는 도대체 왜 그럴까?', '친구 아빠가 우리 아빠라면 얼마나 좋을까?'라고 생각한 적 있나요? 그런데 알고 봤더니, 수많은 아빠 중에서 내가 직접 아빠를 선택했다면요? 《아빠 고르기》는 우리가 태어나기 전 있었던 일을 '상상'한 이야기입니다. 주인공 구름나그네는 하늘 너머 구름 나라에서 같이 살 아빠를 고르고 있어요. 네 명의 아빠 후보를 봤지만, 누구 하나 마음에 쏙 들지 않아 고민하죠. 그러다 휴지통에 버려진 부적격 아빠 중 한 명에게 눈길이 머물러요. 구름나그네가 선택한 아빠는 어떤 아빠일까요? 구름나그네는 어떤 면에 끌렸던 걸까요?

필사하면서 가장 인상적인 부분에 밑줄 그어 볼까?

너에게 보내는 응원 메시지

상상 글쓰기

나만의 의미 더하기

◆ 필사한 내용 중에서 가장 기억에 남는 표현을 골라 볼까요?

◆ 그 표현이 가장 기억에 남는 이유는 무엇인가요?

• 가장 기억에 남는 표현

• 기억에 남는 이유

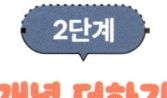
개념 더하기

가끔 '말도 안 되는' 일이 실제로 일어나면 어떨까, 생각해 본 적 있나요? 절대로 일어나지 않을 것 같은 일들이 눈앞에서 펼쳐진다면요? 글쎄, 알고 봤더니 우리 반 친구 중에 지구를 지키는 영웅이 있대요. 친구들이 어려움을 겪을 때마다 '짠' 나타나서 해결하고 사라지는 영화 속 주인공처럼 말이에요. 혹시 그런 이야기는 들어 봤나요? 우리가 잠든 밤이면 장난감들이 깨어나 모험을 떠난다는 사실을요. '상상'의 세계에서는 무엇이든 가능하답니다. '실제로 경험하지 않은 일을 마음속으로 그려 보는 것'을 '상상'이라고 해요. 앞서 소개한 '동화'도 상상해서 쓴 이야기랍니다.

상상문은 실제로 겪지 않은 이야기를 상상해서 쓴 글이에요.
동화처럼 실제로 경험하지 않은 일을 상상해서 쓴 글의 종류를 더 살펴볼까요?

소설: 사실이나 상상을 바탕으로 작가가 꾸며 쓴 이야기.

희곡: 무대에서 공연하기 위해 쓴 글. 연극의 대본.

시나리오: 영화나 드라마를 만들기 위해 쓴 글. 영화나 드라마의 대본.

3단계
표현 더하기

"동화를 쓰고 싶어요!"

첫 번째 미션 **마음껏 상상해 보자**

1. 무엇이든 될 수 있고, 어디든 갈 수 있고, 어떤 일이든 이룰 수 있는 곳, 바로 상상의 세계입니다. 현실에서는 이루기 어려운 일들도 이곳에서라면 지금 당장 가능할지도 몰라요. 이제, 여러분의 상상을 마음껏 펼칠 시간이에요.

2. 상상의 세계로 통하는 질문이 있어요. '만약에 ~라면?'입니다. 만약에 우리 아빠가 슈퍼 영웅이라면? 만약에 우리 학교가 우주에 있다면? 만약에 공룡이 살던 시대로 여행을 떠난다면? 만약에 내가 우리집 반려견이 된다면? 꼬리에 꼬리를 무는 질문을 떠올리는 데서 이야기의 소재를 찾아보세요.

3. 인물을 상상해 보세요! 《오즈의 마법사》에는 사람처럼 살아 움직이는 허수아비가 등장해요. 만약에 사자가 인간처럼 말을 한다면? 만약에 자유자재로 마법을 부리는 마법사가 있다면? 이야기에 등장하는 인물을 상상하고, 인물의 특징도 적어 볼까요?

4. 장소를 상상해 보세요! 《국립 어른 초등학교》는 어른들이 다니는 초등학교를 배경으로 이야기가 펼쳐져요. 만약에 어른들이 다니는 학교가 있다면? 질문에

서 시작한 상상 속 장소이지요. 지금부터 여러분의 상상이 펼쳐질 장소를 떠올려 볼까요?

5. 시간을 상상해 보세요! 《아빠 고르기》는 우리가 태어나기 전에 일어났던 일을 들려줘요. 아빠에게 불만이 있었는데, 알고 봤더니 과거에 내가 아빠를 선택한 거라면? 만약에 우리가 태어나기도 전에 그런 일이 벌어졌다면? 시간적 배경도 상상할 수 있어요!

6. 사건을 상상해 보세요! 《책이 사라진 날》은 어느 날 갑자기 책이 사라지면서 벌어지는 일들을 다루고 있어요. 만약에 책이 사라진다면? 만약에 외계인이 지구로 쳐들어와 책을 다 빼앗아 간다면? 이렇게 어떤 일이 일어나는 것을 사건이라고 해요. 어떤 일이 일어나야 이야기가 더 흥미진진해질까요?

두 번째 미션 등장인물을 상상해 보자

1. 앞서 소개한 동화에서 가장 기억에 남는 등장인물은 누구인가요? 우리가 좋아하는 이야기에는 '인물'이 등장해요. 이야기 속에서 어떤 역할을 하는 인물을 '등장인물'이라고 합니다.

2. 등장인물은 꼭 사람이 아니라도 괜찮아요! 동물도, 외계인도 등장인물이 될 수 있어요.

3. 등장인물은 한 명이어도, 여럿이어도 좋아요. 다만, 등장인물을 상상할 때는 이름과 특징을 정해 두는 게 좋아요. 등장인물의 성별, 성격, 좋아하는 것, 싫어하는 것, 하는 일 등을 상상해 보세요.

4. 상상 속 등장인물을 소개해요.

• 등장인물 이름은? 예시) 강아지 레고, 효승이

• 특징은?

예시) 레고는 푸들이에요. 가장 좋아하는 건 효승이죠. 효승이와 함께할 때 애교 많고 사랑스러운 강아지예요. 하지만 효승이가 학교에 가고 나면 무척 외로워하죠. 그래서 레고는 효승이가 집에 돌아오기만을 기다려요. 이건 비밀인데 레고는 변신 능력이 있어요. 마음먹으면 무엇이든 될 수 있죠.

(세 번째 미션) **주인공에게 무슨 일이 일어나는지 상상해 보자**

1. 동화에는 여러 등장인물이 등장하는데요. 그중에서도 중심이 되는 인물이 있습니다. 바로 '주인공'입니다. 《책이 사라진 날》의 주인공은 상진이와 민지랍니다. 주인공은 사건의 중심이 되는 인물이에요.

2. 소설, 동화가 재미있는 건, 주인공이 어떤 사건을 해결하는 과정이 흥미진진하기 때문이에요. 사건이 일어났을 때 주인공은 어떻게 행동할까? 어떤 선택을 할까? 내가 주인공이라면 어떻게 할까? 마치 우리가 주인공이 된 듯한 느낌이 들어요.

3. 내가 상상하는 이야기의 주인공이 누구인지 생각해 보고, 주인공에게 어떤 사건이 일어났는지 설명해요.

- 주인공은 누구? 예시) 강아지 레고, 효승이

- 어떤 사건이 일어났어?

예시) 레고는 혼자 있는 걸 싫어해요. 매일 아침, 가족이 모두 나가고 나면 무척 외로워하죠. 그러던 어느 날, 레고는 결심해요. 숨겨 두었던 능력을 사용하기로요. 효승이의 친구로 변신해 학교에 따라 가기로 마음먹었어요.

(네 번째 미션) **동화를 완성해 보자**

1. 우리가 상상한 이야기에 독자들이 흥미를 느끼려면 어떻게 해야 할까요? 우선, 이야기의 배경과 등장인물을 소개해야 합니다. 지금부터 들려줄 이야기에 대한 '힌트'를 주고, 앞으로 어떤 사건이 펼쳐질지 궁금하게 만드는 거예요. 이렇게, 이야기가 시작되는 부분을 '발단'이라고 해요.

2. 이야기 속에서 본격적으로 사건이 일어나는 부분을 '전개'라고 합니다. 주인공이 어떤 계기로 인해 사건에 휘말리게 되지요.

3. 이야기에서 긴장감이 가장 높아지는 부분을 '절정'이라고 해요. 등장인물 사이에 갈등이 커지거나 주인공이 어렵고 힘든 상황에 놓이게 되죠. 뒷이야기가 궁금해서 읽기를 멈출 수 없게 만드는 부분입니다.

4. 사건이 해결되는 부분을 '결말'이라고 합니다. 이야기가 마무리되고 긴장감이 해소되는 부분이지요.

5. '발단 → 전개 → 절정 → 결말' 순서로 이야기를 정리해 보세요.

예시

〈발단〉 나는 효승이 집에 사는 푸들 레고예요. 이름이 왜 레고냐면, 가족인 효승이가 레고를 좋아해서죠. 나는 효승이와 함께할 때 가장 행복해요. 효승이는 책을 읽을 때 나를 꼭 끌어안고 책을 읽어 줘요. 그럴 때마다 효승이가 정말 나를 좋아하는 느낌이 들어요.

〈전개〉 하지만 효승이가 학교에 가고 혼자 집에 있을 때면, 무척 외로워요. 효승이가 돌아올 때까지 잠도 자고 밥도 먹고 장난감도 가지고 놀지만, 하나도 즐겁지 않아요.

〈절정〉 그러던 어느 날, 결심했어요. 숨겨 두었던 능력을 사용하기로요. 사실, 나는 변신 능력이 있어요. 무엇이든 될 수 있죠. 효승이의 친구로 변신해 학교에 따라 가기로 마음먹었어요. 생각만 해도 신나서 꼬리가 절로 움직였지요.

〈결말〉 효승이와 함께한 하루는 무척 행복했어요. 다시 강아지로 돌아가기 싫을 만큼이요. 하지만 효승이가 비밀을 알아채면 안 되니까, 얼른 집으로 돌아왔어요. '삐, 삐, 삐, 삐.' 앗! 효승이가 집에 돌아왔나 봐요. 가서 반갑게 맞아야겠어요.

• 발단

• 전개

- 절정

- 결말

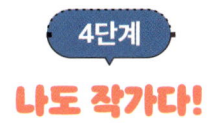
나도 작가다!

제목 :

[동화 쓰기를 돕는 질문]
☐ 만약에 우리 집 강아지가 우주에서 온 외계인이라면? (인물 상상하기)
☐ 만약에 타임머신을 타고 공룡 시대로 갈 수 있다면? (배경 상상하기)
☐ 만약에 이 세상에서 스마트폰이 사라진다면? (상황 상상하기)

6장

의태어·의성어로 표현하기

정글 북
_러디어드 키플링 지음

발밑의 풀들이 점점 질퍽해지기 시작했고, 칼라 나그가 발을 디딜 때마다 철벅철벅 소리가 나며 발이 쑥쑥 빠졌다. 골짜기 아래에는 밤안개가 자욱하게 깔려서, 어린 투마이를 오싹하게 했다. 갑자기 첨벙 물 튀는 소리와 쿵쿵 짓밟는 소리, 쏴아 빠르게 흐르는 물살 소리가 들려왔다. 칼라 나그는 강바닥을 한 발 한 발 더듬더듬 조심스레 걸어 나갔다.

생각 더하기

《정글 북》의 작가 러디어드 키플링이 쓴 단편 소설 〈코끼리들의 투마이〉입니다. 《정글 북》하면 흔히 늑대 소년 모글리의 이야기를 떠올리지만, 사실 《정글 북》은 일곱 편의 이야기를 담고 있답니다. 〈코끼리들의 투마이〉도 그중 한 편이지요. 코끼리 조련사 집안에서 태어난 어린 소년 투마이가 진정한 조련사로 성장하는 이야기를 담고 있습니다. 투마이는 어리다는 이유로 코끼리 조련사로 인정받지 못하자 꾀를 냅니다. 지금까지 그 누구도 본 적 없는 '코끼리들의 춤'을 보기로 마음먹고, 자신이 아끼는 코끼리 칼라 나그를 주시하지요. 드디어 칼라 나그가 움직이기 시작하고, 투마이는 칼라 나그 목덜미에 올라탄 채 코끼리들의 춤이 펼쳐지는 공터로 향해요. '철벅철벅', '쑥쑥', '쿵쿵', 강을 건너는 칼라 나그의 움직임과 소리가 생생하게 느껴집니다.

필사하면서 가장 인상적인 부분에 밑줄 그어 볼까?

너에게 보내는 응원 메시지

춘향전
_작자미상

몽룡은 광한루로 나들이를 나섰다. 옥색 바지저고리에 남색 도포를 걸쳐 입고, 머리에는 복건을 쓰고, 손에는 멋들어진 부채를 펼쳐 들었다. 나귀 등에 올라타 살랑살랑 흔들리며 길을 나섰고, 방자는 그 옆에서 나귀 고삐를 잡고 건들건들 걷고 있었다.

얼마나 갔을까, 드디어 광한루에 이르러 섬돌 위로 올라섰다. 위에 올라서 보니 경치가 참으로 좋았다. 저 멀리 산에는 하얀 안개가 자욱이 깔렸고, 숲속 나무들은 파릇파릇 새순이 돋아올랐다. 시냇가에는 형형색색 봄꽃이 흐드러지게 피어 있었고, 새들과 나비들이 이리저리 날아들었다.

생각 더하기

《춘향전》은 우리나라의 고전 소설입니다. 기생의 딸 성춘향과 양반인 이몽룡이 사랑에 빠지는 이야기예요. 조선 시대에는 신분이 다르면 서로 좋아할 수조차 없었대요. 하지만 춘향과 몽룡은 신분 차이를 극복하고 사랑을 지켜내지요. 《춘향전》에서 광한루는 아주 중요한 장소예요. 몽룡이 이곳으로 나들이하러 갔다가 그네 타는 춘향을 보고 한 눈에 반하거든요. 광한루에서 바라본 경치는 그야말로 한 폭의 그림입니다. '파릇파릇' 나뭇가지에 돋은 잎사귀와 '알록달록' 피어난 꽃이 어우러지고, 새와 나비까지 날아들어요. 금방이라도 살아 움직일 듯, 착각하게 만듭니다.

필사하면서 가장 인상적인 부분에 밑줄 그어 볼까?

너에게 보내는 응원 메시지

만복이네 떡집
_김리리 지음 · 이승현 그림, 비룡소, 2023

학교가 끝나고 만복이는 또 '만복이네 떡집'으로 달려갔어. 이번에는 맛있는 쑥떡을 먹을 수 있었지. 쑥떡을 먹자 귓구멍이 간질간질한 게, 쑥덕쑥덕 이상한 소리가 들리기 시작했어. 마치 누군가 귀에 대고 작게 소곤거리는 것처럼 말이야. 지나가는 사람들의 생각도 쑥덕쑥덕 들리고, 쓰레기를 뒤지고 있던 강아지의 생각도 쑥덕쑥덕 들렸어.

생각 더하기

《만복이네 떡집》에는 자기도 모르게 나쁜 말과 행동을 반복하는 만복이가 등장해요. 친구들은 그런 만복이를 피해 다니지요. 그러던 어느 날, 만복이는 집에 가는 길에 떡집을 발견합니다. 이름하여 '만복이네 떡집'. 고소한 냄새를 따라 들어간 떡집에는 갖가지 떡이 진열돼 있었지요. 그런데 가격표가 이상했어요. 바람떡 가격은 착한 일 두 개, 쑥떡 가격은 아이들 웃음 마흔두 개라니! 떡을 먹고 싶었던 만복이는 착한 일을 하기로 마음먹어요. 떡값을 모으기 위해 노력한 만복이. 이번에는 쑥떡을 먹을 수 있게 됐지요. 그런데 이게 무슨 일일까요? 쑥떡을 먹자마자 '쑥덕쑥덕' 소리가 들려왔어요. 말해 주지 않아도 누군가의 생각을 알아차리는 힘을 얻게 된 거예요. 쑥떡과 '의성어' 쑥덕쑥덕. 발음이 비슷한 두 단어를 함께 읽는 재미가 있답니다.

필사하면서 가장 인상적인 부분에 밑줄 그어 볼까?

너에게 보내는 응원 메시지

시골 쥐의 서울 구경
_방정환 지음

아직도 이른 새벽이건만, 서울 남대문 안은 퍽 복잡하였습니다.
전차가 '잉잉'하면서 달아나고, 인력거가 이 길 저 길로 곤두박질해 다니고, 자전거가 '따르릉따르릉' 하고 달아나고 마차 끄는 말까지, 아무 일 없는 강아지까지 급급히 뛰어가고, 뛰어오고 하였습니다.

생각 더하기

방정환 선생님이 지은 동화입니다. 시골에 사는 쥐가 서울 구경에 나섰습니다. 시골 쥐는 짐차를 두 번, 세 번 갈아타고 어렵게 서울에 도착했지만, 어디로 가야 할지 몰라 두리번거렸지요. 그때 서울 쥐가 나타나 시골 쥐에게 서울 곳곳을 안내해 줍니다. 1920년대 서울은 변화무쌍합니다. 시골에서는 보지 못했던 것들이 가득하지요. 집채 만한 전차가 '잉잉' 울면서 달아나고 자전거도 '따르릉따르릉' 총알같이 달아납니다. 그뿐인가요? 마차 끄는 말도, 아무 일 없는 강아지조차도 뛰어다닙니다. 시골에서 한가롭게 지내던 시골 쥐에게 복잡하고 바쁜 도시의 풍경은 신세계나 다름없습니다. 교통수단이 달리면서 내는 소리를 생생하게 표현한 덕분에 1920년대 서울로 시간여행을 떠난 느낌이에요. 죽기 전에 한 번 서울을 구경하고 싶었던 시골 쥐. 과연 이 여행을 무사히 마칠 수 있을까요?

필사하면서 가장 인상적인 부분에 밑줄 그어 볼까?

너에게 보내는 응원 메시지

의태어·의성어로 글쓰기

나만의 의미 더하기

◆ 필사한 내용 중에서 가장 기억에 남는 표현을 골라 볼까요?

◆ 그 표현이 가장 기억에 남는 이유는 무엇인가요?

• 가장 기억에 남는 표현

• 기억에 남는 이유

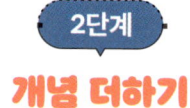

개념 더하기

요리사가 음식의 맛을 끌어올리기 위해 자기만의 비법을 더하는 것처럼, 글을 쓸 때도 '글맛'을 더할 방법이 있답니다. 바로 '의성어', '의태어'를 쓰는 거예요. 자, 지금 잠시 하던 일을 멈추고 주변을 한번 둘러볼까요? 요리하는 엄마, 일하는 아빠, 뛰어가는 동생, 그런 동생을 따라가면서 짖는 강아지…. 여기에 글맛을 더해 볼까요? '숭덩숭덩' 채소를 써는 엄마, '타닥타닥' 컴퓨터로 일하는 아빠, '우당탕' 뛰어가는 동생, '왕왕' 짖는 우리 집 강아지…. 모양이나 움직임을 흉내 내는 말 '의태어', 소리를 흉내 내는 말 '의성어'를 사용했더니 더욱 실감 나지요?

의태어는 모양이나 움직임을 흉내 내는 말, 의성어는 소리를 흉내 내는 말이에요.

의태어나 의성어처럼 글을 생생하고 재미있게 표현할 방법을 더 알아볼까요?

묘사: 그림을 그리듯 표현하는 방법. 모양, 색깔, 소리, 맛, 냄새 등 오감으로 느낀 것들을 글로 표현할 때 사용하는 방법. ▶묘사가 궁금하다면 7장으로

비유: 다른 대상에 빗대어 표현하는 방법. 은유법, 직유법, 의인법 등이 있다. ▶비유가 궁금하다면 8장으로

표현 더하기

"실감 나게 표현하고 싶어요!"

첫 번째 미션 의태어와 의성어를 알아보자

글을 생생하게 만드는 의태어와 의성어를 알아볼까요?

1. 의태어의 종류

경중경중: 긴 다리를 모아서 가볍고 힘 있게 계속 솟구쳐 뛰는 모양.
뉘엿뉘엿: 해가 지려고 산이나 지평선 너머로 조금씩 넘어가는 모양.
방긋방긋: 입을 약간 벌리며 소리 없이 밝고 가볍게 자꾸 웃는 모양.
나풀나풀: 얇은 물체가 바람에 날려 가볍게 자꾸 움직이는 모양.
그렁그렁: 눈에 눈물이 넘칠 듯이 많이 괸 모양.

2. 의성어의 종류

벌컥벌컥: 물이나 음료 따위를 거침없이 자꾸 들이켜는 소리.
깔깔: 못 참을 듯이 크고 경쾌하게 웃는 소리.
꿀꺽꿀꺽: 액체나 음식물 따위가 목구멍이나 좁은 구멍으로 한꺼번에 많이 자꾸 넘어가는 소리.

개굴개굴: 개구리가 잇따라 우는 소리.

주룩주룩: 굵은 물줄기나 빗물 따위가 빠르게 자꾸 흐르거나 내리는 소리.

토닥토닥: 조금 단단한 물체를 잇따라 가볍게 두드리는 소리.

3. 의태어나 의성어를 선택해 문장을 완성해요.

- 내가 고른 의태어(의성어) 예시) 겅중겅중

- 의태어(의성어)로 만든 문장 예시) 산책 나온 강아지가 신이 나서 겅중겅중 뛰어다녔다.

두 번째 미션 나만의 의태어, 의성어를 만들어 보자

1. 나만의 의태어, 의성어를 만드는 첫 번째 단계! 바로 '관찰'입니다. 주변에서 접하는 소리와 모양, 움직임을 자세히 관찰한 후, 어떤 특징이 있는지 포착해 보세요. 예시) 슬라임을 만질 때 나는 소리와 움직임을 관찰해야지.

2. 두 번째 단계는 소리와 모양, 움직임의 특징을 말로 흉내 내 보세요.
예시) 슬라임을 손으로 만질 때 '쫀득'하면서 '끈덕'한 느낌이 들어. 책상에 내리칠 때는 '쫙' 붙어서 잘 떨어지지 않아.

3. 마지막 단계는 관찰을 통해 포착한 특징을 반복해서 표현해 보세요.

   예시) 슬라임의 쫀득하면서 끈덕한 모양을 '쫀덕쫀덕'이라고 표현해야지. 슬라임이 책상에 붙었다가 떨어지는 소리를 '쭈왁쭈왁'이라고 하면 어떨까?

4. 나만의 의태어, 의성어로 문장을 완성해요.

- 나만의 의태어(의성어) 예시) 쫀덕쫀덕, 쭈왁쭈왁

- 나만의 의태어(의성어)로 만든 문장

   예시) 슬라임을 양손으로 잡아당겼더니 쫀덕쫀덕 늘어났어요.

   슬라임을 책상에 힘껏 내리쳤는데, 쭈왁쭈왁 들러붙어서 좀처럼 떨어지지 않았어요.

세 번째 미션 **국어사전을 활용하자**

1. 의태어, 의성어를 아무리 많이 알고 있다고 해도 글을 쓸 때 제대로 활용하지 못하면 의미가 없어요. 의태어, 의성어를 자유자재로 사용하고 싶다면? 국어사전을 활용하세요. 종이 사전, 온라인 사전 모두 좋아요!

2. 사용하고 싶은 의태어, 의성어를 국어사전에서 찾아보세요. 국어사전에는 의태어, 의성어의 뜻과 함께 예문을 담고 있거든요. 국어사전에서 제시하는 예문을 읽다 보면, '아, 이런 상황에는 이 의태어, 의성어를 써야 하는구나!' 쉽게 이해할 수 있습니다.

3. 온라인 국어사전에서 '토닥토닥'을 찾아 예문을 살펴봤어요.

- 선생님께서 어깨를 토닥토닥 두드려 주셨다.
- 소녀는 바닷가에서 두두룩하게 쌓아 올린 모래를 토닥토닥 두드린다.

네 번째 미션 '나만의 의태어, 의성어 수첩'을 만들어 보자

의태어, 의성어의 종류는 무척 다양합니다. 새로 접하는 의태어, 의성어의 뜻과 예문을 따로 정리해 두면, 글을 쓸 때 아주 유용하답니다.

의태어 · 의성어	
	• 뜻
	• 예문
	• 뜻
	• 예문
	• 뜻
	• 예문
	• 뜻
	• 예문
	• 뜻
	• 예문
	• 뜻
	• 예문
	• 뜻
	• 예문

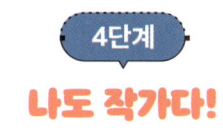

나도 작가다!

제목 :

[실감 나게 표현하기를 돕는 질문]

☐ 최근에 쓴 일기 한 편을 의태어, 의성어를 사용해 실감 나게 고쳐 써 볼까요?
☐ 위에서 소개한 의태어, 의성어를 활용해 문장을 만들어 볼까요?

7장
그림 그리듯 표현하기

서양화 '춘무인 추무의'로 대통령상 받아

_김명교 씀, 〈한국교육신문〉, 2019

짐작건대, 봄이다. 물을 댄 논은 모든 준비를 마친 듯 잔잔하고, 겨우내 흙빛이던 논두렁에도 듬성듬성 푸릇한 기운이 올라와 계절이 바뀌었음을 알린다.

백발이 성성한 어르신은 계절의 변화를 무심히 지나치지 못한다. 동네 마실이라도 다녀온 모양인지, 흰색 점퍼를 차려입었지만, 그 또한 문제가 되지 않는다. 한 번, 두 번… 소매를 접어 올리곤 손을 뻗어 논바닥을 파고든, 이름 모를 풀을 잡아챈다. 그리고 속으로 되뇌었을 테다.

'모를 내야 할 시절이다.'

생각 더하기

공무원 미술대전 대통령상 수상자를 인터뷰한 기사입니다. 고등학교에서 미술을 가르치는 오문택 선생님은 서양화 작품 '춘무인 추무의(春無仁 秋無義)'로 최고상을 받았습니다. 선생님은 "'봄에 노력하지 않으면 가을에 거둬들일 것이 없다'는 의미를 담았다."고 설명했습니다. 선생님의 작품은 흰색 점퍼를 입은 백발의 어르신이 물을 댄 논에 손을 넣고 있는 장면을 보여 줍니다. 흰옷에 흙이 튈지도 모르는데, 논에 난 잡초를 지나치지 못하고 뽑는 모습이지요. 수상 작품을 궁금해할 독자들을 위해 그림 속 장면을 묘사했습니다. 초록색 풀이 돋은 논두렁, 물을 댄 논, 어르신의 차림과 행동, 속마음까지, 감각을 동원해 관찰하고 구체적으로 표현했어요. 여러분의 머릿속에는 어떤 그림이 그려지나요?

필사하면서 가장 인상적인 부분에 밑줄 그어 볼까?

너에게 보내는 응원 메시지

노인과 바다
_어니스트 헤밍웨이 지음

노인은 비쩍 마르고 수척했으며 목 뒤에는 주름이 깊게 패여 있었다. 두 뺨에는 열대 바다에 반사된 햇볕이 선사한 자비로운 피부암의 갈색 반점들이 새겨져 있었다. 반점들은 두 뺨을 따라 길게 퍼져 있었고, 양손에는 낚시 줄에 걸린 무거운 물고기를 건사하느라 생긴 흉터가 깊이 새겨져 있었다. 최근에 생긴 상처들은 아니었다. 물고기 한 마리조차 없는 사막의 침식 흔적만큼 오래된 것이었다.

그의 모든 것이 노쇠했지만, 두 눈만은 달랐다. 바다와 같은 빛을 띠는 그의 눈은 생기가 넘쳤고 패배를 몰랐다.

생각 더하기

미국의 작가 어니스트 헤밍웨이가 쓴 소설 《노인과 바다》입니다. 헤밍웨이는 이 작품으로 퓰리처상과 노벨문학상을 받았답니다. 주인공인 산티아고 노인은 84일 동안이나 물고기를 한 마리도 잡지 못했어요. 주변 사람들은 노인이 너무 늙어서 이제 물고기를 잡을 수 없다고 생각했지요. 하지만 노인은 포기하지 않아요. 이번에는 꼭 큰 물고기를 잡겠다고 결심하고 먼바다로 나아가지요. 노인의 얼굴에는 그가 어떻게 살아왔는지 고스란히 남아 있어요. 강렬한 햇볕 아래서 물고기를 잡다가 생긴 갈색 반점, 그리고 큰 고기를 끌어 올리다가 생긴 손의 상처들. 누구보다 열심히 고기를 잡으려 애쓴 흔적이지요. 겉모습은 나이 들었지만, 노인의 눈빛만은 기운이 넘칩니다. 푸른 바다처럼요. 포기하지 않고 용기 있게 다시 도전에 나선 노인, 이번에는 큰 고기를 낚을 수 있을까요?

필사하면서 가장 인상적인 부분에 밑줄 그어 볼까?

너에게 보내는 응원 메시지

빨간 머리 앤
_루시 모드 몽고메리 지음

앤은 무릎을 꿇고 앉아 6월의 아침 풍경을 내다보았다. 앤의 두 눈이 기쁨으로 반짝였다.

가지들이 집을 톡톡 두드릴 정도로 가깝게 자리한 커다란 벚나무에는 잎이 보이지 않을 정도로 꽃이 빼곡하게 피어 있었다. 집을 둘러싸고 한쪽에는 사과나무들로, 다른 한쪽에는 벚나무들로 가득한 과수원 또한 꽃으로 뒤덮여 있었다. 과수원 풀밭에는 민들레들이 여기저기 피어 있었다. 아래 자리한 정원에는 자줏빛 꽃을 피운 라일락 나무들이 있었고, 아찔할 정도로 달큰한 라일락 꽃 향기가 아침 바람을 타고 창가로 흘러 들어왔다.

생각 더하기

《빨간 머리 앤》은 고아 소녀 앤 셜리의 성장 과정을 따뜻하고 유쾌하게 그려낸 소설입니다. 캐나다 프린스 에드워드 섬에 있는 작은 마을, 에이번리를 배경으로 이야기가 펼쳐져요. 초록색 지붕 집에 사는 매튜와 마릴라 남매는 농장 일을 도울 남자아이를 입양하고 싶었어요. 하지만 빨간 머리 소녀, 앤이 오게 됩니다. 앤을 돌려보내려던 매튜와 마릴라는 앤의 순수하고 사랑스러운 모습에 조금씩 마음을 열지요. 상상력이 풍부하고 밝은 성격을 지닌 앤은 주변 사람에게 긍정적인 에너지를 나눠주거든요. 앤의 눈으로 바라본 6월의 아침 풍경은 감탄이 절로 나와요. 잎이 보이지 않을 정도로 꽃이 만발한 벚나무, 하얗게 흩날리는 꽃잎들, 풀밭 가득 피어난 민들레, 달콤한 향기를 풍기는 자줏빛 라일락꽃까지…. 꽃들의 축제가 있다면, 바로 이런 모습이 아닐까요?

필사하면서 가장 인상적인 부분에 밑줄 그어 볼까?

너에게 보내는 응원 메시지

스페인 공주의 생일
_오스카 와일드 지음

보라색 나비들이 날개에 황금빛 가루를 묻힌 채 이 꽃 저 꽃을 오갔다. 작은 도마뱀들은 담 틈새에서 기어나와 눈부신 햇빛을 쬐며 늘어져 있었다. 더위에 갈라진 석류는 피처럼 붉은 속살을 드러냈다. 허물어진 덩굴 지지대와 그늘진 아치를 따라 주렁주렁 매달린 옅은 노란빛 레몬마저도 햇빛을 받아 더욱 선명하게 보였다. 목련 나무에는 상아처럼 접힌 둥근 모양의 꽃봉오리가 활짝 피어, 달콤하고 묵직한 향기로 공기를 가득 채웠다.

생각 더하기

동화 《행복한 왕자》로 알려진 아일랜드 작가, 오스카 와일드의 또 다른 작품입니다. 어린 공주와 난쟁이가 주인공이에요. 공주의 생일을 맞아 성대한 파티가 열리고, 난쟁이는 이 자리에서 우스꽝스러운 춤을 선보여요. 그 모습을 보고 공주는 무척 즐거워합니다. 난쟁이는 그런 공주를 진심으로 사랑하게 되지요. 얼마 후 난쟁이는 거울에 비친 자기 모습을 보고 깨닫습니다. 공주가 자신을 좋아해서 웃은 게 아니라 우스꽝스러운 모습을 즐겼다는 사실을요. 난쟁이는 깊은 슬픔에 빠집니다. 생일 파티가 열린 궁전 정원을 구체적으로 묘사해요. 아름다운 자태를 뽐내며 꽃 사이를 날아다니는 나비, 빨갛게 익은 석류, 탐스럽게 매달린 노란 레몬, 그리고 한가로이 누워 있는 도마뱀까지. 화려하고 여유로운 궁전 생활의 모습을 단적으로 보여 줍니다. 초라한 난쟁이의 모습과 극명하게 대비돼 난쟁이가 처한 상황이 더욱 비극적으로 보여요.

필사하면서 가장 인상적인 부분에 밑줄 그어 볼까?

너에게 보내는 응원 메시지

그림 그리듯 글쓰기

나만의 의미 더하기

◆ 필사한 내용 중에서 가장 기억에 남는 표현을 골라 볼까요?
◆ 그 표현이 가장 기억에 남는 이유는 무엇인가요?

• 가장 기억에 남는 표현

• 기억에 남는 이유

개념 더하기

글이나 책을 읽으면서 어떤 장면이 '그림처럼' 떠오른 적 있나요? 등장인물의 생김새나 이야기의 배경, 상황이 머릿속에 그려지는 거예요. 마치 직접 경험한 것처럼 말이지요. 모양, 색깔, 소리, 맛, 냄새처럼 겉으로 드러나는 특징을 한 폭의 그림처럼 구체적으로 표현하는 것을 '묘사'라고 합니다. '봄이 왔다.'는 표현보다 '매서운 칼바람 대신 포근한 바람이 불었고, 앙상하던 가지마다 알록달록 꽃이 피었다.'는 표현이 더욱 생동감을 주는 건, 바로 '묘사' 덕분입니다.

묘사는 어떤 대상이나 사물, 현상 등을 <u>그림 그리듯 글로 표현</u>하는 방법이에요. 묘사와 설명의 차이점을 살펴볼까요?

	묘사	설명
목적	실제 경험한 것처럼 상상할 수 있어요.	정보와 지식을 정확하게 이해할 수 있어요.
특징	그림 그리듯, 오감으로 표현해요.	사실과 정보, 이유를 전달해요.
활용	어떤 대상이나 장면, 상황 등을 생생하게 보여 주고 싶을 때	어떤 주제나 내용에 대해 알려 주고 싶을 때

3단계
표현 더하기

"그림 그리듯 표현하고 싶어요!"

첫 번째 미션 오감을 깨워 보자

1. 감각은 우리 몸의 여러 부분을 통해 바깥의 자극을 느끼고 알아차리는 걸 말해요. 대표적인 다섯 가지 감각을 '오감'이라고 부르지요. 시각, 청각, 후각, 미각, 촉각을 가리켜요.

2. 시각은 눈으로 보고 느끼는 감각이에요. 청각은 귀로 듣고 느끼는 감각, 후각은 코로 맡고 느끼는 감각을 의미합니다. 미각은 혀로 맛보고 느끼는 감각, 촉각은 손으로 만지고 느끼는 감각이랍니다.

3. 보고, 듣고, 맡고, 맛보고, 만진 느낌을 자세하게 표현하면 생동감 넘치는 글이 된답니다.

4. 그림 그리듯 표현하기 위해서는 감각을 동원해 관찰해야 해요. 오감을 깨우는 질문을 소개합니다. 혼자서도 쉽게 오감으로 관찰할 수 있을 거예요.

- **시각을 깨우는 질문**: 어떤 모양/색깔인가요?
- **청각을 깨우는 질문**: 어떤 소리가 들리나요?

- **후각을 깨우는 질문:** 냄새는 어떤가요?

- **미각을 깨우는 질문:** 맛은 어떤가요?

- **촉각을 깨우는 질문:** 손으로 만질 때 느낌이 어떤가요?

5. 묘사하고 싶은 것에 대해 스스로 질문하고 느낀 점을 정리해 봐요.

• 묘사하고 싶은 것 예시) 사과

• 오감을 깨우는 질문

예시) (시각을 깨우는 질문) 사과는 어떤 모양/색깔인가요?

(미각을 깨우는 질문) 사과의 맛은 어떤가요?

• 느낀 점

예시) (본 것) 빨갛고 윤기가 나는 사과는 보기만 해도 먹음직스러웠다.

(맛) 한입 베어 물었더니, 새콤달콤한 과즙이 입안을 가득 채웠다.

두 번째 미션 묘사에 대해 더 알아보자

1. 정보나 지식을 정확하게 전달하기 위해서는 '설명'이 효과적이에요. 어떤 대상이나 장면, 상황 등을 한 폭의 그림처럼 보여 주고 싶을 때는 '묘사'가 효과적이랍니다. 글을 쓰는 목적에 따라 표현 방법을 선택하면 됩니다.

설명이 효과적인 경우

목적	예시
무엇인지 알려 주고 싶을 때	광합성이란 무엇일까? 인공지능은 무엇일까?
방법을 말해 주고 싶을 때	전자레인지 사용법 바질 키우는 방법
사실을 전달하고 싶을 때	학교 체육대회 소식 요즘 초등학생의 관심사

묘사가 효과적인 경우

목적	예시
어떤 장면을 그림처럼 보여 주고 싶을 때	첫눈 내리는 모습 해변에서 뛰어노는 아이들의 모습
느낌과 분위기를 표현하고 싶을 때	방학하는 날 교실의 분위기 축구 경기에서 지다가 역전했을 때
감정을 표현하고 싶을 때	시험 결과를 받았을 때 친구와 다퉜을 때

2. 설명 문장과 묘사 문장을 비교해 볼까요?

비가 내린다. (설명)

하늘에서 후두둑, 빗방울이 떨어졌다. (묘사)

개는 갯과에 속하는 포유류로, 사람을 잘 따르고 영리하다. (설명)

까만 눈망울의 개가 꼬리를 살랑살랑 흔들면서 다가왔다. (묘사)

3. 설명 문장과 묘사 문장을 써 봐요.

• 주제: 내가 좋아하는 과일 예시) 사과

• 설명 문장

예시) 사과는 사과나무의 열매로, 비타민 C와 식이섬유가 풍부한 과일이다.

• 묘사 문장

예시) 빨갛게 잘 익은 사과를 보자 새콤달콤한 맛이 떠올라 입에 침이 고였다.

세 번째 미션 **그림과 사진을 묘사해 보자**

1. 묘사 실력을 키우는 가장 효과적인 방법! 바로 그림(사진) 묘사하기입니다. 마음에 드는 것을 골라 오감을 이용해 관찰한 후, 느낀 점을 글로 표현하는 거예요. 책이나 신문, 교과서에서 발견한 그림(사진)은 물론 미술 작품, 사진 작품 등도 좋아요.

2. 그림이나 사진을 묘사할 때는 순서를 정하는 게 좋아요. 가장 눈에 띄는 것부터 관찰하고 느낌을 기록하세요. 앞서 소개했던 오감을 깨우는 질문을 떠올리면 쉽게 정리할 수 있어요.

3. 그림이나 사진으로 관찰할 수 없는 소리, 냄새, 맛, 촉감은 상상해 보세요. 어떤 소리와 냄새, 맛, 촉감이 느껴질 것 같은지를요.

4. 그림이나 사진을 묘사해요.

내가 고른 그림(사진)	(보고)
	(듣고)
	(맡고)
	(맛보고)
	(만지고)

나도 작가다!

제목 :

[그림 그리듯 표현하기를 돕는 질문]

☐ 우리 가족의 모습을 그림 그리듯 표현해 볼까요?
☐ 가장 좋아하는 계절을 떠올리고, 계절의 특징이 드러나게 묘사해 볼까요?
☐ 최근 가장 기억에 남는 일을 떠올리고, 그때 내 느낌을 묘사해 볼까요?
☐ 좋아하는 그림책 속 한 장면을 묘사해 볼까요?

8장 비유로 표현하기

박씨전
_작자미상

피부는 거무스름하고 군데군데 구멍이 나 있었는데, 그 속엔 누런 때가 잔뜩 끼어 있었어. 입과 코는 거의 붙어 있을 정도였고, 입은 주먹 두 개쯤은 거뜬히 들어갈 만큼 컸지. 코는 깊은 산에 있는 울퉁불퉁한 바위처럼 우뚝 솟아 있었고, 이마는 넓적하고 납작했어. 눈은 마치 달팽이 집처럼 볼록 튀어나와 있었지.

생각 더하기

《박씨전》은 병자호란을 배경으로 한 고전 소설입니다. 《박씨 부인전》이라고도 불리지요. 조선을 침략한 청나라에 맞서 나라를 구한 박씨 부인의 이야기예요. 박씨 부인은 학문이 깊고 재주가 무척 뛰어났어요. 재주를 부려 남편을 장원급제하게 만들고 식구들이 풍족하게 지낼 수 있게 하지만, 못생긴 얼굴 탓에 남편과 친척들에게 푸대접을 받지요. 물론, 나중에는 허물을 벗고 초인적인 능력을 발휘해 위기에 빠진 나라를 구하지만요. 박씨 부인의 모습이 궁금하지 않나요? '두 주먹이 들어갈 만큼 큰 입', '깊은 산 속 울퉁불퉁 바위 같은 코', '달팽이 집처럼 볼록 튀어나온 눈'. 박씨 부인의 입과 코, 눈의 모양을 우리가 잘 알고 있는 대상에 비유한 덕분에 박씨 부인의 얼굴을 상상해 볼 수 있어요.

필사하면서 가장 인상적인 부분에 밑줄 그어 볼까?

너에게 보내는 응원 메시지

섬마을 학교에 '연극 꽃'이 피었습니다
_김명교 씀, 〈어린이조선일보〉, 2010

인천 강화도 외포리에서 배를 타고 1시간 20분, 하얀 파도를 가르며 볼음도에 도착했다. 파란 가을 하늘과 빨강, 노랑 옷을 갈아입은 산 사이로 꼬마 배우들이 꿈을 키우고 있는 인천 서도초등학교 볼음분교가 얼굴을 내밀었다. 1906년에 개교한 인천 서도초등학교 볼음분교는 섬마을의 작은 학교다.

생각 더하기

인천 서도초등학교 볼음분교를 취재한 기사입니다. 볼음분교는 볼음도에 있었던 학교로, 볼음도는 육지에서 배를 타고 들어가야 다다를 수 있는 섬마을이에요. 2010년 취재 당시 볼음분교는 전교생이 열네 명밖에 안 되는 작은 학교였지만, 이곳 학생들의 연극 실력은 인천 지역에서 최고로 손꼽혔어요. 지역 대표로 선발돼 전국 어린이연극경연대회 출전을 앞두고 있었지요. 그 비결이 무엇인지 취재하기 위해 볼음분교를 방문했습니다. 가을을 맞은 볼음도는 알록달록했어요. 파란 하늘과 빨갛게, 노랗게 물든 산…. 섬마을이 계절에 맞게 옷을 갈아입은 것처럼 느껴졌어요. 그 사이로 볼음분교가 '빼꼼' 보였습니다. 섬마을 작은 학교의 풍경은 도시에 있는 학교와 달랐어요. 그 특징을 생생하게 보여 주고 싶어서 볼음도의 산과 볼음분교를 사람에 빗대어 표현했답니다.

필사하면서 가장 인상적인 부분에 밑줄 그어 볼까?

너에게 보내는 응원 메시지

동짓달 기나긴 밤을
_황진이 지음

동짓달 기나긴 밤의 한가운데 허리를 베어 내어

봄바람 이불 밑에 서리서리 넣었다가

고운 임 오신 날 밤이 되면 굽이굽이 펴리라.

생각 더하기

재능과 학식이 뛰어난 조선 시대의 기녀, 황진이가 지은 시조입니다. 당시 기녀는 신분이 낮았지만, 시와 글씨, 그림에 능해 여성 예술인으로 대우 받았답니다. 특히 황진이는 그 재주가 뛰어났다고 전해집니다. 동짓달은 음력으로 11월, 겨울을 의미해요. 낮보다 밤이 긴 시기이지요. 시의 화자는 긴 겨울밤의 허리를 베어 내 이불 속에 넣었다가 고운 임 오신 날 다시 펴겠다고 해요. 길고 지루하기만 한 밤을 잘라서 잘 보관해 두었다가 필요할 때 꺼내 쓰겠다는 심산입니다. 밤은 어떤 모양도 없는 추상적인 것이라서 아무리 베려고 해도 벨 수 없는데 말이지요. 사랑하는 사람과 함께하고 싶은 마음이 그만큼 간절하다는 의미겠지요? 얼마나 간절하면 밤을 살아 있는 대상에 빗대어 표현했을까요?

필사하면서 가장 인상적인 부분에 밑줄 그어 볼까?

너에게 보내는 응원 메시지

이상한 나라의 앨리스
_루이스 캐럴 지음

그 병에는 독약이라고 적혀 있지 않아서 앨리스는 용기를 내어 한 모금 맛을 보았다. 아주 맛있다고 느낀 앨리스는(실제로 그것은 체리 파이, 커스터드, 파인애플, 구운 칠면조, 토피(캐러멜 사탕), 그리고 따끈한 버터 토스트가 뒤섞인 듯한 맛이었다.) 금세 전부 마셔 버렸다.

"아주 이상한 기분이야!" 앨리스가 말했다. "내 몸이 망원경처럼 작아지는 것 같아."

정말 그랬다. 앨리스의 키는 25센티미터 정도로 작아졌다. 아름다운 정원으로 들어가는 작은 문을 지나갈 수 있는 크기가 되었다는 생각에 얼굴이 환해졌다.

생각 더하기

세계적으로 사랑받는 동화 《이상한 나라의 앨리스》입니다. 영국의 동화 작가이자 수학자인 찰스 루트위지 도지슨이 '루이스 캐럴'이라는 필명으로 발표한 작품이지요. 이야기는 앨리스가 회중시계를 꺼내 보는 하얀 토끼를 따라가면서 시작됩니다. 토끼 굴로 떨어진 앨리스는 그곳에 있는 물약과 음식을 먹고 몸이 커졌다가 작아지기를 반복해요. 현실에서는 볼 수 없는 기묘한 동물과 인간들을 만나 기상천외한 일들을 겪기도 하지요. 기발한 상상과 익살스러운 대화가 돋보이는 동화입니다. 병에 든 물약을 마셨더니 점점 작아지는 앨리스. 몸의 변화를 '망원경'에 빗댑니다. 망원경처럼 앨리스의 몸이 줄어드는 모습을 상상하니, 애니메이션의 한 장면이 떠오르지 않나요?

필사하면서 가장 인상적인 부분에 밑줄 그어 볼까?

너에게 보내는 응원 메시지

비유로 글쓰기

나만의 의미 더하기

◆ 필사한 내용 중에서 가장 기억에 남는 표현을 골라 볼까요?

◆ 그 표현이 가장 기억에 남는 이유는 무엇인가요?

• 가장 기억에 남는 표현

• 기억에 남는 이유

개념 더하기

글을 쓸 때 의성어, 의태어를 사용하면 '글맛'을 더할 수 있다고 했던 거 기억하나요? 의성어, 의태어를 사용하는 방법 말고도 글맛을 더할 방법이 또 있답니다. 자, 두 문장을 비교해 볼까요? '하늘이 파랗다.'라는 문장과 '하늘이 새파란 물감으로 칠해 놓은 듯하다.'라는 문장 중에서 어떤 것이 더 생생하게 느껴지나요? 하늘이 얼마나 파란지를 '새파란 물감'에 '비유'한 문장이 더 실감 납니다. 표현하고 싶은 대상을 다른 대상에 빗대어 표현하는 '비유'는 글에 생생함과 재미를 더해 줍니다.

비유법은 어떤 대상을 <u>다른 비슷한 대상에 빗대어 표현</u>하는 방법이에요.
비유법의 종류를 알아볼까요?

직유법: '~같이', '~처럼', '~듯이' 등으로 어떤 대상을 다른 대상에 빗대어 표현하는 방법.

은유법: '~은 ~이다.'로 어떤 대상을 다른 대상에 빗대어 표현하는 방법.

의인법: 사람이 아닌 것을 사람처럼 빗대어 표현하는 방법.

표현 더하기

"재미있게 표현하고 싶어요!"

첫 번째 미션 공통점을 찾아보자

1. 어떤 대상을 다른 대상에 빗대어 표현하기 위해서는 먼저 두 대상의 '공통점'을 찾아야 해요.

솜사탕처럼 몽글몽글한 구름이 먹음직스러워 보였다.
→ 구름의 몽글몽글한 모양은 솜사탕과 닮았어요.

시간이 화살처럼 빠르게 지나간다.
→ 시간이 어찌나 빠르게 지나가던지, 날아가는 화살처럼 느껴졌어요.

밤하늘의 달이 쟁반같이 둥글다.
→ 둥근 달은 쟁반과 닮았어요.

부모님의 사랑은 바다다.
→ 부모님이 우리를 사랑하는 마음은 깊고 넓어서 바다처럼 느껴졌어요.

활짝 핀 벚꽃이 손을 흔들었다.

→ 벚꽃이 바람에 흔들리는 모습은 마치 사람이 손을 흔드는 것처럼 보였어요.

2. 비유로 표현하고 싶은 두 대상의 공통점을 쉽게 찾는 법! 모양, 색, 특징, 느낌, 분위기 등 어떤 점에서 닮았는지 생각해 보세요.

3. 보기 중 하나를 고르고, 두 대상의 공통점을 찾아 비유로 표현해요.

<보기>

아기의 웃는 모습, 꽃
밤하늘의 별, 보석
쌩쌩 부는 바람, 얼음

• 내가 고른 대상/공통점

예시) 아기의 웃는 모습, 꽃/아기가 웃는 모습이 활짝 핀 꽃과 닮았다.

• 비유로 표현하기

예시) 아기의 웃는 모습이 활짝 핀 꽃처럼 보였다.

두 번째 미션 **비유법을 더 알아보자**

1. 비유로 표현하는 방법에는 여러 종류가 있어요. 가장 대표적인 것이 직유법과 은유법, 의인법이랍니다.

2. 직유법은 어떤 대상을 다른 대상에 빗대어 표현할 때 '~같이', '~처럼', '~듯이' 등을 써서 직접적으로 연결하는 방법을 말해요.
   예시) 나는 부끄러워서 얼굴이 사과처럼 빨개졌다.
   　　　엄마의 눈이 밤하늘의 별처럼 반짝였다.

3. 은유법은 어떤 대상(A)을 다른 대상(B)에 빗댈 때 'A는 B이다.'를 써서 간접적으로 표현하는 방법을 가리켜요.
   예시) 독서는 마음의 양식이다. (독서가 마음을 성장시킨다는 의미)
   　　　인생은 마라톤이다. (인생은 길고 힘든 과정이라는 의미)

4. 의인법은 동·식물, 사물, 자연처럼 사람이 아닌 것을 사람처럼 표현하는 비유법이에요.
   예시) 해님이 방긋 웃으며 나를 반겼다.
   　　　새들이 짹짹 노래한다.

5. 직유법과 은유법, 의인법을 비교해요.

	아침 햇살이 따스했다.	내 마음이 무척 슬펐다.
직유법	아침 햇살이 **포근한 이불처럼** 따스했다.	**물 먹은 스펀지처럼** 마음이 무거웠다.
은유법	아침 햇살은 **엄마의 손길이다.** (엄마의 손길처럼 따스하다는 의미)	지금 내 마음은 **먹구름이다.** (비가 내리기 전 드리운 먹구름처럼 마음이 슬프다는 의미)
의인법	아침 햇살이 내 볼을 따뜻하게 **쓰다듬었다.**	마음이 소리 없이 **울고 있었다.**

6. 비유로 표현해요.

• 표현하고 싶은 대상 예시) 사과

• 비유로 표현하기

예시) 사과가 아기의 볼처럼 발그레했다. (직유법)

잘 익은 사과는 농부의 땀이다. (은유법: 농부가 땀 흘려 길러 낸 결실이라는 의미)

사과의 얼굴이 햇살을 머금고 붉어졌다. (의인법)

세 번째 미션 비유가 쉬워지는 마법의 질문을 기억하자

1. 비유로 표현하기가 어렵게 느껴진다면, 이렇게 질문해 보세요

- 가장 눈길이 가는 것은? → 비유로 표현하고 싶은 대상 찾기

    예시) 엄마의 환한 웃음

- 비유할 대상의 특징은? → 특별한 점 찾기

    예시) 엄마는 환하게 웃을 때가 특히 예뻐.

- 무엇에 빗대면 좋을까? → 비유할 대상과 닮은 점이 있는 대상 찾기

    예시) 활짝 핀 꽃을 보면 엄마가 환하게 웃는 모습이 떠올라.

- 어떤 비유법으로 표현하면 좋을까? → 직유법, 은유법, 의인법 중에서 선택하기

    예시) 엄마의 환한 웃음은 활짝 핀 꽃처럼 예쁘다. (직유법)

2. 그림이나 사진을 선택하고 앞서 소개한 질문을 떠올리면서 비유로 표현해요.

내가 고른 그림(사진)	① 가장 눈길이 가는 것은?
	② 비유할 대상의 특징은?
	③ 무엇에 빗대면 좋을까?
	④ 어떤 비유법으로 표현하면 좋을까?
	⑤ 비유로 표현하기 완성!

나도 작가다!

제목 :

[비유로 표현하기를 돕는 질문]

☐ 우리 가족의 특징을 비유로 표현해 볼까요?
☐ 오늘 나의 기분을 비유로 표현해 볼까요?
☐ 좋아하는 날씨를 떠올리고, 날씨의 특징을 비유로 표현해 볼까요?

에필로그

여러분,
참 잘했어요!

글을 쓰면서 이렇게 두근거리기는 처음이에요. 여러분이 이 책과 어떤 시간을 보냈을지, 제가 여러분에게 건네고 싶었던 응원이 잘 전해졌는지 궁금해서요. 이것 말고도 궁금한 게 많지만, 그보다 먼저 하고 싶은 말이 있어요.

"참 잘했어요."

이 글을 읽고 있는 여러분 모두를 칭찬합니다. 완벽하지 않아도 괜찮아요. 모든 미션을 마치지 못했어도 괜찮습니다. 때로는 어렵고, 또 가끔은 힘들어서 쓰던 걸 멈추었어도 괜찮아요. 매일 조금씩 쓰기 위해 애쓴 여러분 자신을 칭찬해 주세요. 중요한 건 여러분이 쓰기 시작했다는 사실이니까요. 이 책과 함께한 시간 동안 여러분의 글 감각은 한 뼘 더 자랐을 테니까요. 글쓰기를 대하는 감정 또한 달라졌으리라 믿어요.

그동안 무심코 지나쳤던 글이 앞으로는 조금 다르게 다가올 거예요. 책이나 글을 읽다가 눈길이 가는 문장이 있다면 그 순간을 놓치지 마세요. 여러분의 글쓰기 실력을 높일 절호의 기회니까요. 이 기회를 '내 것'으로 만드는 방법을 알려 줄게요.

첫째, '나만의 필사 노트'를 마련해요.
둘째, 좋은 문장, 기억하고 싶은 문장을 발견하면 노트에 기록해요.
셋째, 문장에 눈길이 머문 이유, 특히 마음에 드는 표현(내용)이 무엇인지 스스로 질문해요.

부모님이나 친구와 함께해도 좋아요. 글 한 편을 읽은 후 어떤 문장이 인상 깊었는지 서로 생각을 나누어 보세요. 혼자보다는 함께할 때 끝까지 해내는 힘이 생기거든요. 하루 10분이면 충분해요. 좋은 문장을 따라 쓰고 자기 생각을 정리하는 것만으로도 여러분의 글쓰기 실력은 쑥쑥 자랄 거예요.

그리고 기억하세요.

나의 이야기는 나만 쓸 수 있다!
매일 조금씩 꾸준히 쓰다 보면 나도 잘 쓸 수 있다!

여러분이 글쓰기를 만만하게 생각할 때까지, 곁에서 아낌없는 응원을 보낼게요.

나만의 필사 노트

책, 기사, 노래 가사, 친구의 편지, 엄마의 말씀… 어떤 글이라도 좋아요. 마음에 남는 문장을 적어 보아요.
문장을 고른 이유는 글로 표현해도 좋고, 그림으로 나타내도 괜찮습니다.

날짜	
제목	

- 필사 문장

- 이 문장을 고른 이유

나만의 필사 노트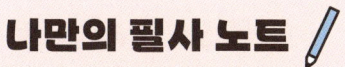

책, 기사, 노래 가사, 친구의 편지, 엄마의 말씀… 어떤 글이라도 좋아요. 마음에 남는 문장을 적어 보아요.
문장을 고른 이유는 글로 표현해도 좋고, 그림으로 나타내도 괜찮습니다.

날짜	
제목	

- 필사 문장

- 이 문장을 고른 이유

나만의 필사 노트

책, 기사, 노래 가사, 친구의 편지, 엄마의 말씀… 어떤 글이라도 좋아요. 마음에 남는 문장을 적어 보아요.
문장을 고른 이유는 글로 표현해도 좋고, 그림으로 나타내도 괜찮습니다.

날짜	
제목	

• 필사 문장

• 이 문장을 고른 이유

나만의 필사 노트

책, 기사, 노래 가사, 친구의 편지, 엄마의 말씀... 어떤 글이라도 좋아요. 마음에 남는 문장을 적어 보아요.
문장을 고른 이유는 글로 표현해도 좋고, 그림으로 나타내도 괜찮습니다.

날짜	
제목	

- 필사 문장

- 이 문장을 고른 이유

매일 조금씩, 꾸준히 키우는 글 감각
한 줄 필사로 시작하는 글쓰기 수업

초판 1쇄 발행 2025년 10월 10일

지은이 김명교

기획편집 김소영
디자인 박영정

펴낸곳 언더라인
출판등록 제2022-000005호
팩스 0504-157-2936
메일 underline_books@naver.com
인스타그램 @underline_books

ISBN 979-11-987430-6-0 73800

김명교 ⓒ 2025, Printed in Korea

· 책값은 뒤표지에 있습니다. 파본 도서는 구입하신 서점에서 바꿔드립니다.
· 신저작권법에 의해 보호를 받는 저작물이므로 무단전재와 무단복제를 금합니다.
· 이 책의 내용은 저작권자의 허락 없이 AI 트레이닝에 사용할 수 없습니다.